예수마음기도
영성수련

예수마음기도 영성수련

지은이 권민자
펴낸이 오세인
펴낸곳 세종서적(주)

국장 주지현
기획·편집 김하얀
디자인 전성연 전아름
마케팅 조소영
경영지원 홍성우

출판등록 1992년 3월 4일 제4-172호
주소 서울시 광진구 천호대로132길 15, 세종 SMS 빌딩 3층
전화 경영지원 (02)778-4179, **마케팅** (02)775-7011
팩스 (02)776-4013
홈페이지 www.sejongbooks.co.kr
네이버 포스트 post.naver.com/sejongbooks
페이스북 www.facebook.com/sejongbooks
원고모집 sejong.edit@gmail.com

교회인가   2018년 11월 21일
초   판 1쇄 발행 2015년 12월 25일
            7쇄 발행 2018년 1월 26일
개정판 1쇄 발행 2018년 11월 30일
            9쇄 발행 2025년 5월 15일

ISBN 978-89-8407-745-4   03230

예수마음기도 영성수련 개정판

| 권민자 수녀 지음 |

 세종

| 차례 |

I. 일상 안에서의 예수마음기도 영성수련

| 제 1 여정 |
II. 기도(성령) | 기도로 초대하시는 하느님 |

| 제 6 여정 |

VII. 일치(현존) | 함께 거니시는 하느님 |

『예수마음기도 영성수련』 개정판을 내면서

'예수마음기도 영성수련' 피정은 1993년에 30일로 시작하였다. 한 해를 그렇게 30일 피정을 하면서 40일 피정으로 연장해야 되겠다는 생각을 하게 되었다. 예수님께서도 40일 기도를 하시면서 마지막에 유혹을 심하게 받으셨듯이 예수마음기도 40일 영성수련에서도 30일이 지난 후에야 악마가 심하게 유혹하는 체험을 하게 된다. 하느님과의 깊은 일치의 기도에까지 가려면 심하게 유혹하는 악마를 다 물리치는 시간이 필요하다. 그러므로 예수마음기도 영성수련은 꼭 40일을 해야 한다.

1999년부터는 다양한 일정으로 예수마음기도 영성수련 피정을 지도하게 되었다. 지금까지 25년 동안 하루 피정을 비롯하여 1박 2일, 3박 4일, 4박 5일, 8박 9일 그리고 40일 피

정을 지도하고 있다. 많은 사람들을 예수마음기도로 하느님
께 인도하면서 나 자신도 하느님을 깊이 만나는 체험을 할
수 있었다. 특별히 모두 여섯 여정으로 짜여 있는 예수마음
기도 40일 영성수련 여정은 피정자에 따라 정도의 차이는
있겠지만 각 여정의 단계별 기도 방법에 대한 이해와 깊이가
더해감에 따라 기도의 참맛을 알게 되고 하느님과의 깊은 만
남에 많은 도움이 되리라 믿는다.

　2004년, 한국천주교 주교회의에서 예수마음기도에 대한
평가를 받았고 그 평가 이후 예수마음기도 영성수련이 유사
영성 운동에 대응하는 가톨릭교회 기도의 하나로 인정받았
다.[1] 이렇게 피정 지도를 하면서 최초로 쓴 책이 『예수마음
의 사랑이여, 제 마음을 불사르소서』(성바오로출판사, 1999년)
이다. 이 책은 예수님께 드리는 기도 여정을 아주 간단히 쓴
것이다. 두 번째로 쓴 『예수마음기도』(성바오로출판사, 1999년)

---

1) 주교회의 한국사목연구소, 『유사영성 운동의 현황과 확산 대책 보고서』, "신흥 영성
　운동에 대한 가톨릭교회의 대안 연구 워크숍", 한국천주교 중앙협의회, 2005년.

는 예수마음기도를 설명하는 내용을 실었다. 그리고 『이 순간이 영원하길』(성바오로출판사, 2009년)은 예수마음기도 40일 영성수련 피정을 마친 사람들의 영적 수기를 엮은 것이다. 또한 『예수마음기도』 영어판 『Jesu-maum Prayer』가 2010년에 출판되어 각 나라에서 사용하고 있다. 그리고 『예수마음기도』 중국어판이 2010년에 출판되었고, 2010년에는 『예수마음기도』 태국어판이 출판되었다.

예수마음기도 영성수련 피정을 하루 피정에서부터 40일 피정까지 지도하면서 피정 기간 동안만이 아니라 일상생활에서도 이 기도를 통해 하느님을 만날 수 있도록 2015년 12월 『예수마음기도 영성수련』을 출판하게 되었다. 특별히 일상생활 안에서 어떻게 하느님께 기도를 드려야 하는지에 대해 서술하였다. 이번에 새로 보완하여 펴내는 개정판에서는 제 5 여정인 식별 여정에 좀 더 구체적이고 실제적인 기도 방법을 넣었고, 제 6 여정에는 하느님과의 일치기도에 대한 내용을 보다 상세하게 서술하였다. 그리고 피정을 마친 후 이웃사랑 실천과 관련된 제 7 여정은 이번 판에서는 제외하였다.

　많은 신앙인들이 예수마음기도를 통해서 예수님의 사랑을 체험하고 영적인 기쁨 안에서 행복을 누렸으면 좋겠다. 40일 피정은 시간과 경제적인 여유 그리고 가족의 배려가 있어야 가능하다. 그러나 이러한 피정의 기회가 주어지지 않는다 하더라도 이 책의 안내에 따라 기도할 때 많은 도움을 받을 수 있으리라 생각한다. 만약 현재 직면한 상황이 긴박하다면 책의 순서에 따른 여섯 여정을 차례대로 기도하기보다는 지금 자신에게 적합한 여정부터 기도하기를 권한다. 영적으로 어떤 경지에 이르려는 목적이 아닌 각 상황에 따른 현재의 삶을 순수하고 솔직하게 있는 그대로 하느님께 다 말씀 드리는 기도를 하면서 하느님을 만나는 여정을 가기를 바란다.

예수마음기도 영성수련 기도문

길이요 진리요 생명이신 예수님!
당신께 저의 모든 것을 바치나이다.
저의 과거의 기억들,
현재의 원의들,
미래의 지향들을 아낌없이 바치나이다.
오로지 당신의 현존 안에 이 순간을 머물게 하소서.

길이요 진리요 생명이신 예수님!
당신의 온유하고 겸손한 마음에
저의 마음이 온전히 하나 되게 하소서.

길이요 진리요 생명이신 예수님!
당신 사랑의 마음 자비로운 마음에
저의 마음이 온전히 일치하게 하소서. 아멘.

아무리 성경을 많이 읽어 줄줄 외우고, 아무리 신·구약 성
경을 꿰뚫는 해박한 지식을 갖고, 아무리 성경 텍스트에 대
한 훌륭한 해석과 감동적인 설교를 하고, 아무리 고차원의
신학적 강연을 할 줄 아는 사람도 자기 영혼이 직접 예수님
과 만나지 못하고 예수님의 현존, 예수님의 위로, 예수님의
구원을 체험하지 못하면 모두 허공에 오락가락하는 신기루
일 따름입니다.

예수마음기도 40일 영성수련의 과정을 걷는 분들은 예수
님에 대한 지식이나 해석보다는 예수님과의 단순한 대화와
사귐을 통하여 매일 매 순간 그분을 만나고 자신에게 도전하
는 갖가지 유혹을 극복하며 그분이 이루시는 구원의 업적에

14

감탄하고 거기서 엄청난 영적 에너지와 회심의 행복을 맛보는 사람들입니다. 예수마음기도 40일 영성수련은 쉽게 나설 수 있는 여정은 아니지만, 그 여정을 걸어간 적지 않은 분들이 그러한 영혼의 행복을 누렸음을 증언합니다.

2015년 12월

＋ 강우일

예수마음기도 영성수련을 시작하며

너희는 맛보고 눈여겨보아라, 주님께서 얼마나 좋으신지!
행복하여라, 그분께 피신하는 사람! 주님을 경외하여라, 그
분의 거룩한 이들아. 그분을 경외하는 이들에게는 아쉬움
이 없어라.(시편 34, 9-10)

주님을 경외하며, 그분이 얼마나 좋으신지 맛보고 눈여겨
보는 사람만이 참된 행복을 느낄 수 있다. 나는 어린 시절부

터 짧고 단순한 기도를 화살기도처럼 바치며 좋으신 하느님을 만날 수 있었다. 나는 그분은 커지셔야 하고 나는 작아져야 한다.(요한 3, 30)는 성경 말씀을 가지고 끊임없이 화살기도를 바치며 하느님과의 만남을 계속하는 영적인 삶을 살았다. 하느님께로 향하는 단순기도를 지속적으로 바치면서 나의 헛된 욕망과 이기심을 보았고, 그에 대한 죄스러운 마음을 느낄 때마다 하느님께 용서를 청하며 죄 사함을 받는 신앙생활을 할 수 있었다.

하느님에 대한 믿음이 굳어지고 그분의 현존을 내 안에서 체험하면서, 하느님은 점차 나의 모든 것이 되었다. 그로 인해 나는 그분의 사랑 안에 사는 영적인 행복을 누리며 살았다. 그러던 중 40대 초반에 이성에 대한 사랑과 세상의 권력에 대한 강한 유혹을 느끼게 되었다. 마침 그때는 종신 서원을 한 지 10년이 되던 해여서 성심수녀회 관구장 수녀님께 30일 피정(避靜)을 하겠다고 청을 드렸다. 그리하여 단순기도법(화살기도)을 응용한 30일 영성수련의 여정을 가게 되었다. 매년 성 이냐시오 영신수련을 하면서 선한 영과 악한 영을 구별하는 방법을 배웠는데, 이 영성수련 기간 동안 그 방법을 통해 내 안에 있는 유혹을 알아내고 하느님께 용서를 청하며 그 유혹을 물리치는 은총을 받게 되었다.

그 후부터는 매 순간 오롯이 하느님께 향하는 기도 생활이 가능해졌다. 매 순간 화살기도를 바치는 '단순기도'의 생활을 5년 정도 충실히 하고 있을 즈음, 내가 하던 기도 방법에 관심을 가진 몇몇 분들이 피정 지도를 요청해왔다. 그렇게 해서 '예수마음기도 영성수련' 40일 피정을 시작하게 되었다.

1993년에 처음 시작된 '예수마음기도 영성수련' 40일 피정은 지금까지 이어져 2015년 9월에 제64차 40일 피정이 진행되었다. 매년 1~3회 진행되는 '예수마음기도 영성수련' 40일 피정을 마치신 분들이 지금까지 600여 명에 달한다.

'예수마음기도 영성수련' 피정에는 하루 피정에서부터 1박

2일, 3박 4일, 8박 9일 및 40일 피정까지 다양한 일정이 마련되어 있다. 각 피정 과정들을 통해 성직자, 수도자, 신학생 및 평신도들이 영적 성장을 이루고 현존하시는 하느님을 자신 안에 충만히 체험하는 여정을 가게 된다.

현재 '예수마음기도 영성수련' 피정은 한국뿐 아니라 인도, 중국, 독일, 태국, 필리핀 등의 여러 나라에서도 자국민을 대상으로 실시되고 있다. 이를 통해 하느님께서는 국적과 문화가 각기 다른 사람들을 각각 그에 맞는 특별한 방법으로 이끌어가시며 영적 은총을 베풀어주신다. 나는 이러한 하느님의 사랑에 놀라움을 금치 못한다. 현재는 태국, 중국, 인도에서 40일 피정을 마치고 영적 지도자 과정을 밟으신 분들이 본국에서 '예수마음기도 영성수련' 8박 9일 피정과 40일 피정을 지도하고 있다.

다음의 글은 태국의 프라탄Prathan 주교님이 2013년 7월

10일부터 8월 19일까지 문산 예수마음 피정의 집에서 진행된 '예수마음기도 40일 영성수련'을 마치고 들려주신 말씀이다.

예수마음기도는 아주 훌륭한 기도이다. 이 기도를 통해 나는 감정, 지성, 의지의 전인적인 변화를 체험하였다. 지적 차원에서만 이해하던 하느님 체험을 넘어 영적 세계에 완전히 나 자신을 개방할 수 있게 되었다. 예수마음기도는 단순하고 쉬운 기도이다. 이 기도는 단순기도를 통해 하느님을 만나게 하는 기도이다. 기도를 위한 연습이나 이론이 아니라 하느님과의 만남을 실제로 행하는 기도이다.

예수마음기도는 성령께 자신을 내드리는 기도이다. 겸손하게 성령의 뜻을 따르고 성령께 자신을 개방하면, 모든 것을 주신다는 것을 나는 체험할 수 있었다. 이 기도에서는 영적 지도자에게 자신을 솔직하게 개방하는 것도 중요하다. 예수마음기도는 하느님을 만나가는 영적 여정이다. 자기 내면으로 들어가 하느님을 만나게 되는데, 이 과정에서 많은 장애물과 어려움, 유혹을 넘어서게 된다. 과거의 상처를 어떻게 치유해야 하는지, 어떻게 유혹을 식별하고 그것을 이겨내야 하는지 알려준다.

이 책을 쓰게 된 첫 번째 동기는 프라탄 주교님께서 하신 '예수마음기도는 단순기도를 통해서 하느님을 만나게 하는 기도이다'라는 말씀에 있었다. 그동안 '예수마음기도 영성수련' 피정을 지도하면서 권했던 단순기도는 성심수녀회[2]에서 바치던 예수마음 호칭기도문 중 한 구절을 선택하여 바치는 기도문이었다. 예를 들어 '예수마음의 사랑이여 제 마음을 불사르소서!' 이 호칭기도문을 반복적으로 바치면서 하느님께 나아가게 했고, 많은 분들이 예수마음 호칭기도문 중 한

---

2) 성심수녀회에서는 매월 첫 금요일에 예수마음 호칭기도문을 바쳤으나 지금은 하지 않는다.

구절을 통해 하느님을 만나는 여정을 갔다.

그런데 많은 분들이 예수마음 호칭기도문에서 선택한 문장을 반복하는 과정에서 여러 어려움을 느꼈다. 그중 하나는 '내 마음은 언제 불살라지지?' 하는 생각이 들면서, 하느님께 향해야 하는 마음에 자기 자신을 향하는 분심(分心)이 생긴다는 것이었다. 때문에 이 책에서는 사도들이 예수님께 드렸던 짧은 기도문을 선택하여 단순기도를 바치는 것으로 변경했다. 곧 토마스 사도의 저의 주님, 저의 하느님!(요한 20, 28)과 베드로 사도의 예수님, 사랑합니다!(요한 21, 15 참조)라는 두 문장 중 한 구절을 택해서 '예수마음기도 영성수련'의 여정을 가도록 했다. 이렇게 짧고 단순한 기도문을 바칠 때 우리의 마음은 늘 하느님을 향할 수 있다.

이 책을 쓰게 된 두 번째 동기는 '예수마음기도 40일 영성수련'의 여정을 일상생활에 적용하기 위해서다. 강우일 베드로 주교님께서는 '예수마음기도 영성수련' 40일 피정을 마친

22

분들의 나눔을 들으시면서, 이분들이 하느님을 아주 깊이 체험하고 기쁨을 누리는 것을 보고 이렇게 질문하셨다. "평신도들은 삶에 허덕이며 살아가기에 시간과 돈이 없어서 이렇게 긴 여정의 40일 피정을 하기 어렵습니다. 이런 분들은 어떻게 하느님을 만나는 체험을 할 수 있을까요?"

주교님의 이 질문에 나는 이렇게 말씀드렸다. "여러 가지 사정으로 40일 피정에 오지 못하는 분들은 세상에서 살면서 맞닥뜨리는 많은 어려움들을 하느님께 다 말씀드리는 기도를 하면 됩니다. 그러면 하느님께서는 그 기도를 들어주시고 사랑을 주시며, 때로 어떤 분들에게는 스스로를 봉헌하는 단계를 거쳐 당신과 일치하게 되는 경지에 이르도록 해주십니다."

사실 그런 분들은 40일 영성수련에서 겪어야 하는 시련과 고통을 현재의 삶 속에서 이미 겪고 있기 때문에, 마음을 다해 하느님만을 찾는 여정을 간다면 하느님께서는 그들에게도 당신의 은총을 베풀어주시리라는 확신이 든다.

시간적으로나 재정적으로 '예수마음기도 40일 영성수련'에 참가할 여건이 되지 않는 분들을 위해 언제 어디서나 단순한 예수마음기도를 통해 하느님을 만날 수 있게 도우려는 것이 이 책의 목적이다. 돈이 없어도 시간이 없어도 하느님은 우리를 만나주신다. 조건 없이 우리를 사랑하시는 하느님을 만나려면 예수님께서 우리에게 알려주신 기도의 방법들을 실천하는 신앙생활을 해야 한다.

예수마음기도는 단순한 기도로 시작해서 하느님과 인격적으로 만나도록 하고 결과적으로는 하느님의 현존을 체험하게 한다. 그리고 이러한 하느님 체험을 통해서 이웃에게 복을 빌어주는 영적인 삶을 살아가도록 돕는다.

하느님의 현존을 깊게 체험한 나의 글과 그동안 예수마음기도 40일 영성수련을 통해 하느님을 깊이 만난 분들의 체험 글을 각 여정마다 실었다.

하루 피정 과정에서부터 40일 피정 과정까지 예수마음기도로 피정 지도를 하면서 영적 지도자 양성의 필요성을 절실하게 느끼게 되어 '영적 지도자 양성 과정'을 시작하였다. 3년 과정인 영적 지도자 양성 과정은 2004년, 2006년, 2012년, 이렇게 3차례에 걸쳐 시행되었으며, 지금까지 사제와 수도자, 평신도를 포함한 30여 분이 이 과정을 마쳤다. 이분들 중에 시간이 되시는 분들은 현재 예수마음기도에 대한 강의 및 피정자 개인 면담을 하고 계신다.

예수마음기도를 시작한 지 20년이 되어갈 때 예수마음기도를 널리 알리고 지속적으로 전파하는 선교회가 있으면 좋겠다는 원의(願意)를 표현하는 분들이 계셨다. 때마침 '예수마음기도 영성수련' 40일 피정을 거치신 몇 분의 사제들이 이 사도직에 맞는 선교회 설립에 뜻을 같이하여, 그분들과 함께 기도하면서 식별의 여정을 가게 되었다.

그러던 중 우리들의 이러한 원의를 들으신 강우일 베드로 주교님께서 예수님의 마음을 전하는 선교회를 시작하는 데 흔쾌히 동의하시며, 새롭게 탄생될 '예수마음선교회'와 '예수마음선교수녀회'는 기도에 바탕을 두고 예수님의 삶을 살아내는 공동체가 되면 더욱 좋겠다는 말씀을 해주셨다. 이렇게 커다란 지지와 격려를 아낌없이 베풀어주시고 지속적인 사랑을 주고 계신 강우일 베드로 주교님께 마음 깊이 감사를 드린다.

드디어 2013년 3월, 천주교 의정부교구 이기헌 주교님 집전으로 '예수마음선교회'와 '예수마음선교수녀회'가 시작되는 축복 미사가 거행되었다. 현재 '예수마음선교회'와 '예수마음선교수녀회'는 경기도 파주에 '문산 예수마음 피정의 집'을 신축하고 운영하면서 예수마음기도 피정 지도를 하고 있다. 선교회는 의정부교구장이신 이기헌 주교님의 각별한 보살핌과 의정부교구 신부님들의 도움 속에서 용기를 갖고 열심히 생활하고 있다. 이기헌 베드로 주교님과 의정부교구 모든 신부님들께 감사를 드린다.

끝으로, '예수마음기도 영성수련' 40일 피정을 여러 번 하였고, 이 책을 펴내는 데 신학적, 영성적으로 큰 도움을 주신

한국외방선교회 성재기 신부님, 대전교구 김유정 신부님, 그리고 청주교구 서 철 신부님께 진심으로 감사드린다. 또한 일반 평신도들이 쉽게 이해할 수 있게 쓰도록 도움을 주신 다솜공동체 원장 백창기 형제님께 감사를 드린다.

2015년 대림절에
권민자 수녀

일상 안에서의
예수마음기도
영성수련

광야의 여정

"보시다시피 저희는 가진 것을 버리고 스승님을 따랐습니다." 예수님께서 그들에게 말씀하셨다. "내가 진실로 너희에게 말한다. 누구든지 하느님의 나라 때문에 집이나 아내, 형제나 부모나 자녀를 버린 사람은, 현세에서 여러 곱절로 되받을 것이고 내세에서는 영원한 생명을 받을 것이다." (루카 18, 28-30)

예수님께서는 이 세상의 모든 것, 즉 부모와 형제, 자매, 자녀까지 내려놓고 권력, 명예, 재물까지도 다 포기한 후 당신께 와야 영원한 생명을 얻는 하느님 나라를 차지하게 될 것이라고 말씀하신다. 하느님께서는 여러 방법을 통해 일상생활 속의 우리를 영적인 삶으로 초대하신다. 물론 어린 시절부터 영적인 갈망 안에서 하느님을 찾는 여정을 꾸준히 걸으며 영적 생활의 참된 복을 누리는 분들도 있다. 하지만 많은 분들은 이 세상의 것과 세속의 삶에 더 큰 가치를 두고 살아간다. 그러다 자신들이 바라지 않았던 아픔과 좌절, 질병과 시련을 겪는 상황에 처하기도 한다. 어려운 시련을 겪을 때 사람의 마음은 메마르고 황폐해진다. 어떤 이들은 까닭 없는 우울함에 빠져 삶의 의미를 잃게 되기도 한다. 이런 시련에 부닥치는 바로 그 순간이 하느님을 찾을 시기라고 할 수 있다. 이런 아픔과 고난의 순간이 그 사람을 광야의 체험으로 이끌어가기 때문이다.

광야는 사람이 살 만한 곳이 못 된다. 나무 한 그루 풀 한 포기 없는 황량한 벌판, 짐승이나 사람이 살 수 없는 삭막하고 황폐한 곳이 광야다. 어느 누구에게도 의존하지 못하고 오로지 혼자 견뎌내야만 하는 곳이기도 하다. 바로 이런 곳을 지날 때가 하느님을 찾고 만나는 시기이다. 자기 내면의 광야에 직면하면 부모와 자녀, 형제와 자매에 대해 얼마나 큰 애착을 가지고 있었는지 깨달아 알게 된다. 또한 세상의 권력이나 명예, 재물에 얼마나 집착하며 추구해왔는지 보게 된다.

이러한 애착과 집착을 떨치기 위한 싸움을 거치면서 비로소 하느님을 만나게 된다. 곧 내적인 광야에서 영적인 성찰과 영적인 여정을 거치면서 하느님을 체험하게 되고, 그러한 체험을 바탕으로 삶의 의미를 알게 되며 영적으로 새롭게 태어나게 된다는 얘기다. 그리고 이런 체험을 한 후에는 하느님을 직접 뵙는 하느님의 현존을 체험하며 인생을 영적으로 살아가게 된다.

하느님과의 일치기도에 도달하기 위해서는 광야의 여정을 인내하며 가야 한다. 오랜 시간이 걸릴 수도 있다. 그리고 이 여정은 마치 긴 터널을 지나는 것과 같은 어둡고 괴로운 시간일 수도 있다. 하느님과의 일치기도에 도달하기 위해서는 먼저 영성수련을 통해 정화의 수련 과정을 거쳐야 하며, 복음 말씀의 빛으로 하느님께 돌아서는 회심의 여정도 가야 한다. 이런 영성수련을 하다 보면 몸과 마음, 그리고 악한 영들에게서 오는 온갖 유혹들도 만나게 된다. 이럴 때에는 하느님에 대한 신뢰와 믿음, 그리고 절제와 인내가 절실하게 요구된다. 이 여정을 통해 하느님을 향해 걸어가는 만큼 자신의 이기적인 모습들이 점점 사라짐을 체험한다. 또한 지금 현재 여기서 하느님께 마음을 다 드리는 기도를 계속하면서 하느님 아버지께서 우리 안에서 역사하시도록 온전히 내맡기는 신뢰의 여정을 가야 한다.

이 책을 통해 보게 될 일상 안에서의 예수마음기도는 '예수마음기도 40일 영성수련'에서 거치는 제 1 여정에서 제 6 여정까지의 전 과정을 그대로 옮겨 놓은 것이다. 즉 일상생활을 하면서 현재 일어나고 있는 상황들을 가지고 각각의 여정에 맞는 기도를 할 수 있도록 한 것이다. 하지만 반드시 여기서 제시하는 여정의 순서대로 기도를 바쳐야 하는 것은 아니다. 지금 자신에게 필요한 여정의 기도를 찾아서 바치면 된다. 우리가 어떤 기도를 바치건 하느님은 우리를 이끌어서 각자에게 알맞은 은총을 베풀어주시고 각 여정마다 함께 해주실 것이기 때문이다.

'예수마음기도 영성수련'의 여정 순서대로 기도한다고 해서 영적으로 높은 경지에 도달하는 것 또한 아니다. 따라서 이런 유혹에 넘어가지 않도록 특별히 조심해야 한다. 또한 자신은 이미 하느님과의 일치기도 단계에 도달했다는 자만심에도 빠지지 않도록 주의해야 한다. 하느님을 진정으로 만난 분들은 오히려 겸손하여 자신을 드러내지 않는 특징을 보인다.

'예수마음기도 40일 영성수련'의 모든 여정은 복음 말씀에 기초를 두고 있다. 그러므로 예수 그리스도께서 주도권을 가지고 당신의 일을 우리 안에서 역사하시도록 자신을 그분께 온전히 내맡기는 여정이 되어야 한다. 이 여정은 살아계신 하느님을 만나는 과정이며 이 만남을 통해 우리 스스로가 하느님의 자녀의 모습으로 전인적인 변화를 이루는 과정이다.

영성수련의 여정을 충실하게 실천할 때 우리는 바오로 사도처럼 말할 수 있게 된다. 이제는 내가 사는 것이 아니라 그리스도께서 내 안에 사시는 것입니다.(갈라 2, 20)

예수마음기도 40일
영성수련의 6 여정

제1 여정 : 기도(성령) – 기도로 초대하시는 하느님

하느님은 영이시다. 그러므로 그분께 예배를 드리는 이는
영과 진리 안에서 예배를 드려야 한다.(요한 4, 24)

제 1 여정은 어떻게 기도해야 하는지에 대해 예수님의 가
르침을 따라 배우면서 시작한다. 제일 중요한 것은 하느님
께서 우리를 당신의 자녀로 여기시고 넘치는 사랑을 베푸신
다는 데 대한 신뢰를 가지고 기도드려야 한다는 것이다. 예

수님께서도 하느님을 아버지라 부르라고 하시며 어린아이와 같이 신뢰하는 마음으로 하느님께 다가가야 한다고 말씀하셨다.(루카 18, 16 참조) 또한 어린아이들과 같이 되지 않으면 하느님 나라에 들어갈 수 없다고도 하셨다.(마르 10, 14-15 참조) 이렇게 기도를 바칠 때 우리는 우리 내면에 살아계시며 활동하는 영이신 하느님을 만나게 된다.

제 2 여정 : 치유(감정) - 치유하시는 하느님

예수님, 스승님! 저희에게 자비를 베풀어 주십시오.

(루카 17, 13)

제 2 여정에서는 하느님만을 향한 기도, 현재에 머무는 기도를 드리면서 예수님께서 우리에게 무엇이 필요한지 알려주시는 것을 체험하게 된다. 예수님께서 알려주시는 과거의 아픔이나 상처, 그리고 그로 인해 일어나는 분노와 원망, 복수심, 슬픔 등을 하느님께 있는 그대로 다 말씀드리면 몸과 마음을 치유해주시는 하느님의 자비를 체험하게 된다. 예수님께서도 하느님 나라의 기쁜 소식을 선포하실 때, 먼저 몸과 마음이 망가져서 아무것도 하지 못하는 이들을 치유해주셨고 영적으로 새롭게 살 수 있는 힘과 용기를 주셨다.

제 3 여정 : 자녀(지성) - 자녀가 되도록 이끄시는 하느님

진리가 너희를 자유롭게 할 것이다.(요한 8, 32)

제 3 여정은 하느님 나라의 복음을 전하는 삶을 살기 위해 이 세상의 가치관이나 도덕적인 기준, 집안의 가훈 등에 얽매이는 삶을 벗어던지고, 하느님의 자비로운 마음을 가진 하느님의 자녀로 새롭게 탄생하는 여정이다. 이를 위해 제 3 여정에서는 복음의 말씀, 특히 산상설교(마태 5-7장) 말씀에 자신의 삶을 비추어 본능을 따르는 삶이나 자신만의 유익을 추구하는 이기적인 삶의 태도는 없는지 살펴본다. 그런 다음 이제는 자기 자신이 아니라 하느님만을 섬기는 삶을 살겠다는 마음을 하느님께 드리는 회심의 여정을 걷는다.

제 4 여정 : 봉헌(의지) – 봉헌하도록 인도하시는 하느님

제가 원하는 것을 하지 마시고 아버지께서 원하시는 것을
하십시오.(마르 14. 36)

제 4 여정에서는 갑작스럽게 일어날 수 있는 온갖 사건이
닥칠 때 어떻게 기도해야 하는지 배운다. 예를 들어 불의의
사고로 갑자기 가족을 잃게 되거나 자신이 암이나 중풍 같은
심각한 병에 걸리는 경우 등을 상상해보며, 그럴 때 겟세마
니 동산에서 하셨던 예수님의 기도(마태 26. 36-46)를 상기하
면서 하느님의 뜻에 따르는 기도를 하도록 배운다. 이 여정은
이 세상에 대한 집착을 내려놓는 기도를 배우는 과정이기도
하다. 제 4 여정은 포기할 수 없다고 생각하는 것을 하느님께
바치며, 하느님의 뜻에 순종하면서 성령께서 우리의 삶을 이
끌어 가시도록 내맡기는 기도를 하는 여정이다.

제 5 여정 : 식별(영혼) – 유혹을 물리칠 힘을 주시는 하느님

저희를 유혹에 빠지지 않게 하시고 저희를 악에서 구하소서.(마태 6, 13)

제 5 여정에서는 악마의 유혹을 물리치고 성령 안에서 사는 영적인 삶을 배운다. 우리 본성의 원수인 악마는 온갖 유혹으로 우리가 하느님께 나아가는 것을 방해하고 막아선다. 그 유혹은 때로는 성경 말씀으로, 때로는 절망감으로 우리에게 다가온다. 유혹은 지금 당장 결단을 내리게 하거나 자신을 드러내는 데 관심을 두게 하기도 한다. 하느님이 아니라 스스로를 섬기도록 유혹하는 것이 악마들의 술수이다.

제 5 여정은 예수님께서 광야에서 40일간 단식기도하실 때 악마에게서 어떤 유혹을 받으시고 어떻게 물리치셨는지를 (루카 4, 1–13) 보면서 기도하는 법을 배워 악마의 유혹을 물리치는 여정이다.

제 6 여정 : 일치(현존) - 함께 거니시는 하느님

내 안에 머물러라. 나도 너희 안에 머무르겠다.(요한 15, 4)

제 6 여정에서는 예수님 안에 머물면서 자신의 마음이 예수님의 마음으로 변화되는 과정을 거치게 된다. 온전히 하느님과의 일치를 체험한 사람은 마음이 맑고 깨끗하고 조용하고 겸손해지는 것을 느끼고, 마음에 기쁨과 사랑이 넘친다. 그러나 이런 하느님과의 깊은 만남을 계속 체험하려면 예수님 안에 머물기 위해 노력해야 한다. 그러기 위해서는 처음에 시작할 때 바쳤던 단순기도인 '저의 주님, 저의 하느님!' 또는 '예수님, 사랑합니다!'를 끊임없이 바쳐야 한다. 포도나무가 뿌리에서 수액을 빨아올려야 많은 열매를 맺을 수 있듯이 영혼도 지속적으로 하느님 안에 머무는 기도를 바쳐야 하느님의 영으로 변화할 수 있다.

예수마음기도 영성수련 6 여정

여정	주제	내용
제 1 여정	기도	어린이 같은 마음으로 마음, 목숨, 힘, 정신을 다하여 기도하는 여정
제 2 여정	치유	내면에 숨겨진 과거의 상처와 아픔을 치유받는 기도의 여정
제 3 여정	자녀	세상의 가치가 아닌 복음을 따르는 기도의 여정
제 4 여정	봉헌	하느님의 뜻에 순명하는 기도의 여정
제 5 여정	식별	하느님을 섬기지 못하게 유혹하는 악마를 물리치는 기도의 여정
제 6 여정	일치	하느님과 일치되어 하느님의 현존을 체험하는 기도의 여정

영성수련 여정 중의 전례

받아먹어라. 이는 내 몸이다.

모두 이 잔을 마셔라. 이는 죄를 용서해 주려고 많은 사람

을 위하여 흘리는 내 계약의 피다.(마태 26, 26-28)

'예수마음기도 영성수련' 40일 피정에서 하느님 체험이 가

장 강렬하게 느껴지는 때는 성체성사와 고해성사를 받을 때

이다. 40일 동안 하루 8시간씩 예수마음기도를 하고 미사에

참례하면서 서서히 마음이 변화되어가는 것을 느낄 수 있다.

그 과정을 통해 '예수마음기도 영성수련'은 성체성사의 은총으로 완성된다는 것을 알게 된다.

처음 40일 영성수련을 시작할 때에는 그날의 독서나 미사 경문, 또는 복음 말씀이 마음에 잘 와 닿지 않는다고들 한다. 하지만 영성수련의 여정을 이어가다 보면 점차 영적인 세계를 알게 되고, 성령께서 어떻게 우리를 이끌고 가시는지 체험하게 된다. 40일 영성수련에서 만나는 가장 강한 하느님 체험은 대부분 피정 막바지의 성찬 전례에서 이루어진다. 많은 피정자들이 이 단계에서 예수님께서 직접 빵을 떼어주시는 체험을 한다. 그리고 미사 경문이나 독서, 또는 복음 말씀이 살아서 움직인다는 것을 느끼고, 예수님께서 당신이 길이요, 진리요, 생명(요한 14, 6)이라고 말씀하신 것을 몸과 마음으로 알아듣는다. 그리고 부활하신 예수님께서 나타나셔서 우리와 함께 걸으신다는 감격스러운 체험과 함께 예수님의 수난, 고통, 죽음, 부활의 의미를 더욱 깊이 깨닫게 된다.

'예수마음기도 40일 영성수련' 여정 중 제 3 여정 말미에는 고해성사의 기회가 주어진다. 이때 자신의 죄를 용서받는 것을 체험하면서 짓눌린 죄책감에서 벗어나 모든 것으로부터 자유로워지는 해방감을 느끼게 된다. 동시에 하느님의 극진한 사랑을 받고 있었다는 것을 깨닫는다. 따라서 매일 미사와 고해성사는 '예수마음기도 영성수련' 여정 중에서 빼놓을 수 없이 중요하다. 우리는 성사 생활을 통해서 예수님의 사랑을 체험하고, 예수님께서 우리를 위해 당신 자신을 바치신 그 은총을 깨달으며 예수님을 따라 살아갈 수 있게 된다.

일상생활을 하면서 '예수마음기도 영성수련'을 하려는 분들은 가능한 한 매일 미사에 참례하고 정기적으로 고해성사도 보며, 하루 한 시간 이상 예수마음기도를 바치도록 한다. 사실 처음부터 한 시간의 예수마음기도 시간을 채우는 것은 쉽지 않은 일이다. 그러므로 처음에는 약 20여 분 정도 앉아서 기도를 드리다가 점차 기도 시간을 늘려 나중에는 하루에 한 시간씩 앉아서 기도하는 습관을 들인다. 그와 더불어 무엇을 하든지 언제 어디서나 깨어서 '예수님, 사랑합니다!' 혹은 '저의 주님, 저의 하느님!' 하고 부르는 단순기도인 예수마음기도를 바치며 하느님께 마음을 향하는 것이 반드시 필요하다.

예수님은 우리를 영적으로 살도록 초대하고 계신다. 예수님께서 이 세상에 오신 이유도 하느님의 자녀인 우리가 영적으로 새로운 생명을 얻게 하기 위함이다. 하느님께 가기 위해서는 기도를 해야 하고, 영적인 세계도 기도를 해야 알아듣게 된다. 그렇게 예수님의 부르심에 기도로 응답하는 삶이 되도록 해야 한다.

QR코드를 찍으면 제1여정 강의를 들으실 수 있어요.

제 1 여정

기도(성령)

: 기도로 초대하시는 하느님 :

기도에 대한
예수님의 가르침

"스승님, 제가 무엇을 해야 영원한 생명을 받을 수 있습니까?" 예수님께서 그에게 말씀하셨다. "율법에 무엇이라고 쓰여 있느냐? 너는 어떻게 읽었느냐?" 그가 " '네 마음을 다하고 네 목숨을 다하고 네 힘을 다하고 네 정신을 다하여 주 너의 하느님을 사랑하고' '네 이웃을 네 자신처럼 사랑해야 한다.' 하였습니다." 하고 대답하자, 예수님께서 그에게 이르셨다. "옳게 대답하였다. 그렇게 하여라. 그러면 네가 살 것이다."(루카 10, 25-28)

기도는 하느님을 만나는 것이다. 올바른 기도는 기도를 통해 하느님께 사랑을 드리고 또한 하느님의 사랑을 받는 친밀한 관계를 형성하는 것이다. 그렇다면 영적인 하느님은 어떻게 만날 수 있을까? 하느님을 만날 수 있는 방법에 대해 예수님께서는, 네 마음을 다하고 네 목숨을 다하고 네 힘을 다하고 네 정신을 다하여 주 너의 하느님을 사랑하고 네 이웃을 네 자신처럼 사랑해야 한다.(루카 10. 27-28)고 말씀하셨다. 하느님을 신뢰하며 기도할 때 하느님을 만날 수 있다고 가르치셨다. 여기서 주님께서 말씀하신 마음, 목숨, 힘, 정신에 대해 살펴보자.

⁜ 마음을 다하라

주님께서 '마음을 다하여' 하느님을 사랑하라고 하셨는데, 여기서 '마음을 다하라'는 말씀이 무엇을 뜻하는지 살펴볼 필요가 있다. 우리의 마음을 움직이는 주 요소는 감정, 지성,

의지이다. 그리고 우리의 마음은 우리 안에 계시며 활동하시는 성령의 이끌림을 받는다. 따라서 '마음을 다하여'는 우리 자신들의 감정, 지성, 의지를 성령의 이끄심에 합하도록 하여 하느님께 기도드리라는 뜻으로 이해할 수 있다.

첫째, 감정. 우리는 좋은 일이 있을 때 기쁘고, 슬픈 일이 있을 때 마음이 아프다. 이러한 움직임들은 감정에 속한다. 그러므로 기도할 때에는 현재 마음 속에 일어나고 있는 온갖 감정들을 있는 그대로 하느님께 말씀드려야 한다. 마음이 아프면 아프다고 말씀드리고, 감사하는 마음이 생기면 하느님께 감사드리는 기도를 드리면 된다. 예수님께서도 괴로우실 때 당신을 죽음에서 구하실 수 있는 분께 큰 소리로 부르짖고 눈물을 흘리며 기도와 탄원을 올리셨고, 하느님께서는 그 경외심 때문에 들어주셨다. (히브 5, 7 참조)

둘째, 지성. 우리는 지성을 통해 이 세상을 '어떻게 살아야 하는가'에 대해 배운다. 학문과 지식, 윤리와 도덕, 각종 사회 규범과 관습들도 배우고 익히며 살아간다. 이렇게 지성을 통해 배우는 모든 행위를 지성적인 차원의 활동이라고 할 수 있는데, 영적 생활을 하도록 이끄시는 예수님의 가르침도 우리는 지성으로 배워야 한다. 그리고 하느님께 기도드릴 때에도 지성을 활용해야 한다. 예수님께서도 아빠! 아버지! 아버지께서는 무엇이든 하실 수 있으시니, 이 잔을 저에게서 거두어 주십시오.(마르 14, 36)라고 지성을 통해 기도하셨다.

세 번째는 의지이다. 삶의 희로애락을 다 느낄 정도로 감정이 풍부하고, 세상의 온갖 지식에 해박하다고 해도, 각각의 상황에서 결단을 내리지 못한다면 그 모든 것은 아무 쓸모도 없다. 이때 결단 내리는 일을 담당하고 있는 것은 우리의 의지이다. 어떤 사건을 정확하게 판단하고 행동을 결정할 때는 의지를 발휘해야 한다. 하느님의 뜻을 따르기 위해 예수님께서도 당신의 의지를 이렇게 表現하셨다. 그러나 제가 원하는 것을 하지 마시고 아버지께서 원하시는 것을 하십시오.

(마르 14, 36)

✣ 목숨을 다하라

예수님께서는 또 '목숨을 다하여' 하느님을 사랑하라고 하셨다. 여기서 목숨은 영혼Soul을 의미한다. 영혼은 영적인 존재여서 우리는 볼 수도 만질 수도 없다. 하지만 하느님은 영적인 분이시고 우리 또한 영혼을 지닌 영적인 존재이다. 따라서 우리가 하느님을 만나기 위해서는 우리의 영혼이 하느님께 다가가도록 해야 한다.

그런데 우리의 영혼이 하느님께 다가가지 못하도록 방해를 받는 경우가 있다. 악한 영들의 유혹을 받을 때이다. 악한 영들은 사람들이 세상의 삶에 애착을 갖게 만들고 기복적인 생활에서 만족을 찾도록 유혹한다. 많은 사람들이 거기에 넘어가 영원한 생명을 주시는 하느님을 보지 못한다. 하느님을 섬기기보다 유한한 이 세상의 복을 얻기 위해 점술가나 무당을 찾아가기도 한다. 뿐만 아니라 앞으로 닥칠지 모르는 불행을 막아달라며 굿판을 벌이기도 한다.

영원한 생명을 주시는 하느님을 올바로 섬기지 않고 이 세상의 복을 추구하는 삶을 살게 되면, 즉 자신의 유익을 좇아 스스로를 섬기는 삶을 살게 되면 악한 영이 우리를 지배하게 되면서 우리는 악한 영의 종살이를 하게 되고, 하느님을 섬기고자 하는 마음을 빼앗기게 된다.

예수님께서는 때가 차서 하느님의 나라가 가까이 왔다. 회개하고 복음을 믿어라(마르 1, 15)고 하시면서 하느님의 나라를 구하라고 말씀하셨다. 우리가 세례를 받을 때 '마귀를 끊어버립니까?' 하는 물음에 '예. 끊어버립니다'라고 응답하는 것도 그 말씀에 따르는 것이다. 그 말은 곧 세상의 유혹에 현혹되지 않고 하느님의 나라를 구하며, 하느님께서 주시고자 하시는 영원한 생명을 희원하는 삶을 살겠다는 신앙고백인 것이다. 하느님께서는 마귀를 따르며 이 세상의 것에만 집착하는 사람에게 당신의 영원한 복과 생명을 주실 수 없기 때문이다.

✜ 힘을 다하라

하느님을 사랑하려면 '온몸으로' 하느님을 섬기는 것도 중요하다. 우리의 몸은 본능이 요구하는 쾌락을 추구하도록 끊임없이 유혹한다. 과음, 간음, 탐욕, 방탕, 게으름 등은 육체, 즉 몸의 욕구이다. 이런 육체의 욕구를 다 채우면서 동시에 하느님을 섬긴다는 것은 불가능하다. 우리 몸이 요구하는 본능적인 것들은 대부분 외부로 향해 있기 때문에, 그것을 충족시키다 보면 우리의 내적 상태는 더욱 공허해진다.

하느님을 만나기 위한 영적 여정을 가기 위해서는 내적으로 향하는 몸의 수련도 중요하다. 그러므로 하느님을 섬기는 기도 생활을 잘 해나가기 위해 때로는 오관(五官)을 삼가는 영성수련을 실천하거나 단식을 하면서 영적으로 우리의 마음을 하느님께 바치는 기도 생활을 해야 한다.

❖ 정신을 다하라

'정신을 다하여' 하느님을 사랑하라는 것은 기도할 때 현재의 순간에 집중하라는 것을 뜻한다. 지금 여기서 현재의 기도를 하면서도 정신은 하느님이 아닌 이 세상의 것에 가 있는 경우가 많다. 이럴 때는 즉시 자신의 정신이 현세적인 것에 기울어져 있음을 알아차리고 하느님께 다시 집중해야 한다. 이런 기도 생활을 할 때 온 정신을 다하여 하느님을 사랑하는 마음이 된다.

예수님께서 선포하신 하느님 나라

✢ 아빠, 아버지이신 하느님

예수님께서 알려주신 하느님은 '아빠, 아버지이신 하느님' 이다. 당신께서도 하느님을 아버지라고 부르셨다. 하느님을 '아버지'라고 부르고 싶은데 그러지 못한다면, 자신을 낳아주시고 길러주신 생아버지에 대한 부정적인 기억이 내면에 자리 잡고 있기 때문일 수도 있다.

예수님께서는 되찾은 아들의 비유(루카 15, 11-32)를 통해,

하느님은 아버지로서 깊은 자애심과 사랑, 용서의 마음을 지니신 분이라고 알려주셨다. 따라서 언제나 그 사랑과 자애의 아버지이신 하느님을 기억하며, 모든 것을 의지하고 절대 신뢰를 갖는 자녀다운 마음으로 아버지라 부르라고 말씀하셨다.

자녀는 부모님 앞에서 숨기거나 꾸미지 않고 있는 그대로의 모습을 보인다. 또한 부모님이 어떤 상황에서나 자신을 지켜주시고 믿어주시며 변호해주시는 자애로운 분이라는 것을 자녀는 잘 알고 있다. 따라서 하느님의 자녀인 우리도 하느님을 참사랑의 아버지로 기억하고, 기도할 때는 신뢰를 갖고 하느님을 '아버지'라 부르며 기도해야 한다.

∷ 악령을 물리치신 예수님

성경 속에서 우리는 예수님께서 악한 영과 더러운 영에 시달리는 사람들에게서 악령을 쫓아내시고, 그들의 죄를 용서하는 권한을 행사하시는 장면을 찾아볼 수 있다. 뿐만 아니라 주님께서는 당신의 제자인 우리에게도 악령을 물리칠 권한을 부여하셨다. 마귀들을 쫓아내어라.(마태 10. 8) 그래서 하느님의 자녀인 우리도 예수 그리스도의 이름으로 악령을 제어할 수 있게 되었다.

우리는 살아가면서 하느님을 진실하게 섬기지 못하게 만드는 수많은 유혹에 직면하게 된다. 때로 악한 영들은 이 세상의 것에 집착하여 하느님을 떠나게 만들기도 한다. 또 때로는 거짓말, 복수심, 자살 충동, 이간질, 자만심 등을 불러일으켜 인간관계에 분열과 혼란을 야기시킨다. 이러한 유혹을 대면하게 되면 예수님께 부여받은 악령을 물리치는 권한으로 이를 물리치기 위해 기도해야 한다.

✣ 하느님 나라의 선포

예수님께서 우리가 사는 세상에 오신 이유는 가난을 퇴치

하기 위함도 아니고, 정치적인 변혁을 이루어 현세적인 평화를 가져다주기 위함도 아니었다. 주님께서 세상에 오신 근본적인 이유는 성령의 은총을 받은 우리가 영적인 인간으로 변하여 하느님께서 통치하시고 다스리시는 하느님 나라의 시민이요 하느님의 자녀로 살도록 하기 위함이었다.

하느님의 자녀는 성령께서 주시는 열매, 곧 사랑, 기쁨, 평화, 인내, 호의, 선의, 성실, 온유, 절제(갈라 5, 22-23)의 마음을 간직하며 사는 사람이다. 뿐만 아니라 그런 모습으로 하느님을 사랑하고 이웃을 자기 몸처럼 사랑하는 사람이다.

✥ 참행복

행복하여라, 마음이 가난한 사람들! 하늘 나라가 그들의 것이다.(마태 5, 3)

하느님의 나라에 들어가는 사람(진복자, 眞福者)은 산상설교

(마태 5-7장)에서 말씀하신 것처럼 영적으로 가난하고 온유하며, 하느님의 뜻을 실행하고 실천하는 사람이다. 그렇게 하느님의 자녀로 살기 위해서는 하느님께 자신의 모든 것을 맡기는 기도를 하는 사람이 되어야 한다.

예수님께서 알려주신
기도 방법

❖ 빈말 기도하지 마라

너는 기도할 때 골방에 들어가 문을 닫은 다음, 숨어 계신
네 아버지께 기도하여라. 그러면 숨은 일도 보시는 네 아버
지께서 너에게 갚아 주실 것이다. 너희는 기도할 때에 다른
민족 사람들처럼 빈말을 되풀이하지 마라. 그들은 말을 많
이 해야 들어 주시는 줄로 생각한다. 그러니 그들을 닮지 마
라. 너희 아버지께서는 너희가 청하기도 전에 무엇이 필요

한지 알고 계신다.(마태 6, 6-8)

   예수님께서는 우리에게 골방에 들어가서 기도하라고 하신다. 이것은 자신의 내면으로 들어갈 시간을 특별히 마련하라는 뜻이다. 또한 빈말 기도를 하지 말라는 말씀은 이 세상 것을 구하는 기도를 하지 말라는 뜻이다. 기도할 때는 '하느님, 우리 집 잘살게 해주세요.'라든가 '우리 식구 모두 건강하게 해주세요.'와 같이 세속적이고 현세적인 필요를 요구하지 말고 언제나 영적인 것을 청해야 한다. 숨은 일까지 보시는 하느님께서는 우리가 청하는 영적인 것을 모두 주신다고 말씀하셨다.

   나아가 좀 더 깊이 있게 기도하면 자신도 알지 못하는 우리 내면의 문제까지 보시는 하느님께서 우리가 과거에 겪었던 아픔이나 상처, 또는 자신의 죄스러운 모습들까지도 보도록 이끌어주신다. 이때 이것들을 하느님께 말씀드리면 하느님께서 치유하고 용서해주시는 체험을 할 수 있다.

✣ 끊임없이 간청하라

예수님께서 다시 그들에게 이르셨다. "너희 가운데 누가 벗이 있는데, 한밤중에 그 벗을 찾아가 이렇게 말하였다고 하자. '여보게, 빵 세 개만 꾸어 주게. 내 벗이 길을 가다가 나에게 들렀는데 내놓을 것이 없네.' 그러면 그 사람이 안에서, '나를 괴롭히지 말게. 벌써 문을 닫아걸고 아이들과 함께 잠자리에 들었네. 그러니 지금 일어나서 건네줄 수가 없네.' 하고 대답할 것이다. 내가 너희에게 말한다. 그 사람이 벗이라는 이유 때문에 일어나서 빵을 주지는 않는다 하더라도, 그가 줄곧 졸라 대면 마침내 일어나서 그에게 필요한 만큼 다 줄 것이다." "내가 너희에게 말한다. 청하여라, 너희에게 주실 것이다. 찾아라, 너희가 얻을 것이다. 문을 두드려라, 너희에게 열릴 것이다. 누구든지 청하는 이는 받고, 찾는 이는 얻고, 문을 두드리는 이에게는 열릴 것이다. 너희 가운데 어느 아버지가 아들이 생선을 청하는데, 생선 대신에 뱀을 주겠느냐? 달걀을 청하는데 전갈을 주겠느냐? 너희가 악해도 자녀들에게는 좋은 것을 줄 줄 알거든, 하늘에 계신 아버지께서야 당신께 청하는 이들에게 성령을 얼마나 더 잘 주시겠느냐?"(루카 11, 5-13)

예수님께서는 하느님을 만날 때까지 끊임없이 기도하라고 간곡히 부탁하신다. 계속 청을 하면 잠자리에 들었던 의리 없는 벗도 귀찮아서 마지못해 일어나 빵을 주는 법이다. 하물며 아버지이신 하느님께서 우리의 간절한 기도를 못 들으신 체하실 리 없다. 주님께서는 성령이 우리에게 오실 때까지 청하고, 찾고, 두드리라고 말씀하신다. 하느님이 주시려는 것은 영적인 것이다. 특히 성령을 주시겠다고 약속하셨으니 슬픔과 절망에 빠져서 아무것도 할 수 없을 때라도 의식적으로 하느님께 청하는 기도를 하도록 노력해야 한다.

✧ 어린아이같이 기도하라

사실 하느님의 나라는 이 어린이들과 같은 사람들의 것이
다.(마르 10, 14)

예수님께서는 하느님 나라에 들어가려면 어린아이 같아야
한다고 말씀하셨다. 어린아이 같은 마음으로 기도를 드린다
는 것은 무슨 의미일까? 어린아이들은 미래나 과거에 연연
하지 않고 오직 현재만을 산다. 그리고 전적으로 부모를 신
뢰하며 모든 것을 맡긴다. 우리가 하느님의 자녀로 아버지
하느님께 현재의 모든 것을 맡기고 어린아이와 같은 단순한
마음으로 꾸준히 기도하면 하느님께서는 우리의 마음을 당
신의 마음으로 바꾸어주실 수 있다.

이렇게 '현재기도'를 하는 습관을 들여야 하느님 나라에 들
어갈 수 있다. 늘 현재의 하느님만을 바라보는 생활을 할 때
하느님께서는 우리와 함께 하시면서 당신의 영적인 보화를
주신다.

예수마음기도

예수마음기도는 예수님의 마음에 우리의 마음을 합하고 성령의 인도에 의존하면서 하느님 아버지께 온 마음과 온 정성과 온 힘을 바치는 기도이다. 즉 삼위일체이신 하느님과의 온전한 일치를 가져오는 전인적인 기도라고 할 수 있다. 그를 위해서는 부활하신 예수님을 믿고 고백하는 단순기도인 토마스 사도의 '저의 주님, 저의 하느님!'을 바치거나, 베드로 사도가 예수님을 배반한 죄를 온전히 다 용서해주시며 사랑을 하도록 초대하시는 기도문 '예수님, 사랑합니다!'를 바친다.

❖ 단순기도문 선택

| 저의 주님, 저의 하느님! |

열두 제자 가운데 하나로 '쌍둥이'라 불리는 토마스는 예수님께서 오셨을 때에 그들과 함께 있지 않았다. 그래서 다른 제자들이 그에게 "우리는 주님을 뵈었소." 하고 말하였다. 그러나 토마스는 그들에게, "나는 그분의 손에 있는 못 자국을 직접 보고 그 못 자국에 내 손가락을 넣어 보고 또 그분 옆구리에 내 손을 넣어 보지 않고는 결코 믿지 못하겠소." 하고 말하였다. 여드레 뒤에 제자들이 다시 집 안에 모여 있었는데 토마스도 그들과 함께 있었다. 문이 다 잠겨 있었는데도 예수님께서 오시어 가운데에 서시며, "평화가 너희와 함께!" 하고 말씀하셨다. 그러고 나서 토마스에게 이르셨다. "네 손가락을 여기 대 보고 내 손을 보아라. 네 손을 뻗어 내 옆구리에 넣어 보아라. 그리고 의심을 버리고 믿어라." 토마스가 예수님께 대답하였다. "저의 주님, 저의 하느님!" 그러자 예수님께서 토마스에게 말씀하셨다.

"너는 나를 보고서야 믿느냐? 보지 않고도 믿는 사람은 행복하다."(요한 20, 24-29)

이 기도문은 예수님의 제자인 토마스가 예수님의 부활을 믿지 못하다가 부활하신 예수님을 직접 뵙고는 주님으로 고백하는 기도문이다. 예수님께서는 '보지 않고 믿는 자는 행복하다'고 분명히 말씀하셨다. 우리는 예수님을 직접 보지 못했음에도 예수님을 믿는 행복한 사람들이다. 따라서 이 믿음의 고백인 '저의 주님, 저의 하느님!'을 깨어서 끊임없이 바치며 주님을 부르는 것은 하느님을 향한 우리의 마음을 드러내는 것이고, 하느님과 함께 머물면서 하느님의 사랑을 받는 기도이다.

| **예수님, 사랑합니다!** |

그들이 아침을 먹은 다음에 예수님께서 시몬 베드로에게 물으셨다. "요한의 아들 시몬아, 너는 이들이 나를 사랑하는 것보다 더 나를 사랑하느냐?" 베드로가 "예, 주님! 제가

주님을 사랑하는 줄을 주님께서 아십니다." 하고 대답하자,
예수님께서 그에게 말씀하셨다. "내 어린 양들을 돌보아
라." 예수님께서 다시 두 번째로 베드로에게 물으셨다. "요
한의 아들 시몬아, 너는 나를 사랑하느냐?" 베드로가 "예,
주님! 제가 주님을 사랑하는 줄을 주님께서 아십니다." 하고
대답하자, 예수님께서 그에게 말씀하셨다. "내 양들을 돌보
아라." 예수님께서 세 번째로 베드로에게 물으셨다. "요한
의 아들 시몬아, 너는 나를 사랑하느냐?" 베드로는 예수님
께서 세 번이나 "나를 사랑하느냐?" 하고 물으시므로 슬퍼
하며 대답하였다. "주님, 주님께서는 모든 것을 아십니다.
제가 주님을 사랑하는 줄을 주님께서는 알고 계십니다."
그러자 예수님께서 베드로에게 말씀하셨다. "내 양들을 돌
보아라."(요한 21, 15-17)

　이 기도문은 세 번이나 예수님을 모른다고 부인했던 베드
로 앞에 나타나신 예수님께서 당신을 사랑하느냐고 물으셨
을 때 베드로가 대답한 신앙 고백이다. 예수님께서는 우리가

죄를 지었다 해도 당신께 다시 돌아오기만 하면 우리를 용서해주시고 당신 사랑에 초대하시며 죄책감에 머물지 않도록 하신다. 그러므로 이 기도문은 무한정 용서해주시는 예수님을 믿는 기도라 할 수 있다. '예수님, 사랑합니다!' 하는 기도를 지속적으로 바치면서 하느님과의 친밀한 관계로 나아가도록 한다.

❖ 1시간 예수마음기도

예수마음기도는 50분 동안의 '단순기도'와 10분간의 '말씀기도'를 합쳐 1시간 동안의 기도로 이루어진다.

| 단순기도 50분 |

예수님께서 간곡하게 하신 너희는 내 사랑 안에 머물러라.(요한 15, 9)라는 말씀대로 하느님 안에 머무는 기도를 하기 위해서는, 먼저 정좌하거나 의자에 등을 곧추세우고 앉아서 '저의 주님, 저의 하느님!', 혹은 '예수님, 사랑합니다!'라는 기도문 중 하나를 화살기도로 되풀이하며 50분 동안 바친다.

기도를 바칠 때는 눈을 뜨고 마음과 정성을 다하여 깨어서 기도를 드린다. 눈을 감고 기도드리게 되면 온갖 분심에 말려들거나 잠에 빠질 수 있기 때문이다.

처음에는 우리의 몸도 가만히 있는 것을 견디기 힘들어하고 지루해한다. 또한 온갖 분심들이 내면에서 밀려와 우리를 이곳저곳으로 끌고 다닌다. 이럴 때마다 단순기도인 '저의 주님, 저의 하느님!', 혹은 '예수님, 사랑합니다!' 하는 화살기도를 바치며 하느님께 온 마음을 다해 현재의 순간에 기도를 드리려고 노력해야 한다. 이러한 단순한 기도문이 여기저기 돌아다니는 우리의 마음을 하느님께로 향하도록 이끌어주는 나침반 역할을 할 것이다.

예수마음기도를 드릴 때는 자신의 내면에서 느껴지는 혼란스러움과 무언가 제대로 정리되지 않아 막막하고 답답한 심정도 하느님께 다가가는 여정의 중요한 요소임을 기억해야 한다. 이런 경우에도 예수님의 말씀을 믿고 신뢰하며 그분

을 만나기 위해 지속적으로 깨어서 현재의 기도에 충실해야
한다.

| 말씀기도 10분 |

단순기도를 바치는 50분 동안 하느님께서는 우리의 마음
밭이 말씀의 씨앗이 잘 뿌리내릴 수 있는 토양이 되도록 도
와주신다. 이렇게 마음이 준비된 후 말씀기도를 드리게 되면
성경 말씀이 우리 내면에 뿌리를 내리고 서서히 자라서 우리
를 하느님의 모습으로 변화시켜준다. 말씀기도를 바칠 때는
매일 미사에 나오는 복음 말씀이나 신약 성경 말씀을 한 단
락씩 10분간 읽는다. 주어진 성경 구절은 10분 동안 천천히,
그리고 여러 번 반복해서 읽도록 한다.

성경은 예수님의 행적과 가르침이 담긴 영적인 말씀이다.
그리고 말씀기도는 하느님이 우리에게 주시는 영적인 선물
로, 하느님 아버지를 만날 수 있도록 인도한다. 그런 의미에
서 말씀기도는 단순한 성경 말씀이 아니라 성령께서 우리와
함께 하시기를 청하는 기도라고 할 수 있다. 말씀기도 시간

에 읽게 되는 성경 말씀은 머리로 추리하거나 묵상하지 않도록 유의해야 한다. 이 시간은 하느님이 우리에게 건네주시고자 하는 말씀을 듣는 시간이기 때문이다.

✣ 분심 다루기

'저의 주님, 저의 하느님!', 혹은 '예수님, 사랑합니다!' 하는 단순기도를 50분 동안 반복하여 바치다 보면 온갖 분심들이 올라와서 기도를 못하게 방해한다. 분심은 우리가 죽을 때에야 비로소 우리와 함께 사라질 것이다. 그러므로 분심이 있다는 것은 우리가 살아 있다는 표시이기도 하다.

하지만 분심들은 우리 내면의 이야기를 스스로에게 들려주기 때문에 자신의 마음을 알아차리는 데 매우 중요한 요소가 되기도 한다. 따라서 기도 중에 분심이 올라온다고 해서 억압하거나 없애버리려고 의식적으로 노력할 필요가 없다. 오히려 숱한 분심들을 잘 분별하여 각 경우에 합당한 기도를 바쳐야 한다.

분심이 전혀 없는 조용하고 깨끗한 마음에만 머물려 하거나 마음의 평안만을 누리려고 애쓰면 성령께서 역사하실 수 없다. 오히려 기도 중에 올라오는 분심들을 현재 하느님께 온 마음을 다해 기도드리는 수단으로 활용해 하느님께 다가가는 데 도움이 되도록 해야 한다. 기도 중에 올라오는 분심들을 잘 분별해, 보낼 것은 보내고 하느님께 바칠 것은 바치면서 영성수련의 여정을 이어간다.

| **미래분심** |

미래에 대한 분심들은 그 분심이 어떤 메시지를 전하는지 잘 살펴보고 떠나보내야 한다. 오지도 않은 미래에 대한 근심이나 걱정, 막연한 공상, 또는 미래를 계획하는 분심 등은 즉시 물리쳐야 한다. 한편 중요한 메시지가 담긴 미래 계획이라면 기도가 끝난 후 들어주겠다고 달래어 보낸다.

그리고 기도를 마친 후에는 그 약속을 이행해야 한다. 자신과의 약속도 잘 지켜야 다음에 기도드릴 때 미래 계획들을 쉽게 물리치고 현재의 하느님께 마음을 다 드리는 기도를 할 수 있게 된다. 그러한 미래분심을 잘 알아차리고 물리치는 것도 기도이다. 현재의 하느님께 내 마음을 다 드리기 위한 노력이기 때문이다. 미래분심 중에 아주 중요한 미래분심은 그것을 가지고 기도를 드려야 한다. 예를 들어 예수님께서 바치신 겟세마니 기도는 미래에 대한 기도이다.

| 현재분심 |

기도하는 도중에 갑자기 누군가에게 전화를 걸고 싶은 충동이 일거나 다른 장소에 가봐야 할 것 같은 분심이 떠오르는 경우가 있다. 또는 몸을 위한 요구, 즉 커피를 마시고 싶다든가 과일을 먹고 나면 훨씬 기도를 잘할 것 같다는 생각이 들기도 한다. 이런 것들이 현재분심이다. 현재분심이 떠오를 때에도 미래분심이 떠오를 때와 마찬가지로 기도가 끝난 다음에 이행하겠다고 달래어 보내면 된다. 지금은 하느님께 기도를 드리는 시간임을 스스로에게 상기시키고, 오로지 하느님께만 지금 현재의 마음을 드리도록 한다. 현재의 분심도 지금 당장 바쳐야 되는 경우가 있다. 예를 들어 부모님이나 아는 분이 임종을 하게 되는 경우 현재 그분을 위해서 기도를 드려야 한다.

기도 시간에 졸음이 오거나 잠에 빠져들 때가 있다. 육체적인 피로 때문에 기도 중에 졸음이 온다면 실외로 나가 걸으면서 기도하기를 권한다. 몸의 요구가 하느님을 섬기는 데 방해가 되기 때문이다. 우리는 '지금 현재' 깨어서 기도를 드려야만 하느님을 만날 수 있다.

| **과거분심** |

과거에 대한 기억이 떠오를 때는 미래분심이나 현재분심의 경우와 달리 각별한 주의를 기울여야 한다. 이때에는 무작정 물리치려 할 것이 아니라 당시의 마음 상태를 잘 헤아려 보고, 그러한 분심들이 왜 떠오르는지 곰곰이 살펴보는 것이 매우 중요하다.

우리의 내면 깊은 곳에는 사랑받은 체험도 있지만, 상처와 좌절, 오해와 억울함, 슬픔과 열등의식 등의 어두운 체험들도 깃들어 있다. 따라서 이같이 떠오른 과거분심들을 잘 분별하여 살피다 보면 자신의 참모습을 만날 수도 있다.

기도 중에 떠오른 과거의 경험 속에서 자신이 느꼈던 상한 감정들을 잘 살펴보고, 그것들에 대해 하느님께 항의하고 고발하고 탄원하고 절규하는 기도를 바치는 시간이 반드시 필요하다. 즉 자신의 과거의 감정들에 대해 현재기도로 솔직하게 하느님께 말씀드리는 것이 필요하다는 뜻이다.

이때는 '저의 주님, 저의 하느님!'이나 '예수님, 사랑합니다!'라는 기도문으로 단순기도를 드리는 대신, 우선 내면에서 올라오는 과거의 상한 감정에 대해 충분히 다루어주는 기도를 한다. 이렇게 기도를 한 후에 다시 '저의 주님, 저의 하느님!'이나 '예수님, 사랑합니다!'를 바친다.

✣ 기도에 임하는 자세

자신이 택한 기도문을 화살기도로 바칠 때에는 모든 정신을 하느님의 현존에 집중시키고 오롯이 하느님께 마음을 다해야 한다. 하느님이 아닌 다른 사물이나 이미지를 그려놓고 그 상상의 이미지에 머물며 오관(五官)으로 느껴가면서 기도하지 말아야 한다. 그것은 곧 하느님과 자신 사이에 장애물을 끼워 넣는 것과 같다. 그동안 알고 있던 하느님에 대한 이미지는 과거에 이해한 것일 뿐이다. 지금은 우리가 전혀 알지 못하는 하느님을 만나려고 노력하고 있다는 것을 명심해야 한다. 우리가 도저히 이해 못하는 하느님 앞에 마음을 열고 조용히 기도를 드리면 하느님께서는 당신 자신을 드러내 주실 것이다.

예수마음기도의 영적 여정은 자신 안에 계신 하느님을 만나기 위한 것이다. 그러므로 우리는 짧은 기도문을 선택하여 화살기도를 바쳐야 한다. 이렇게 오롯이 마음을 다해 그분에게 다가가다 보면 어느새 우리는 내면 가장 깊은 곳에 도달하여 적나라한 자신의 모습을 보게 된다. 그리고 하느님을 만나서 하느님의 마음으로 다가가게 된다.

⁘ 틈새 기도하기

  기도가 익숙해질 때까지는 시간을 정해놓고 정좌하거나 의자에 똑바로 앉아서 마음을 모아 하느님께 기도드릴 필요가 있다. 하지만 단순기도에 익숙해진 후에는 새벽부터 밤중까지, 걸어 다닐 때나 지하철 탈 때나, 또는 청소나 설거지 같은 일상생활을 할 때 등 딱히 머리를 쓰지 않아도 되는 시간을 찾아 틈틈이 단순기도를 바치는 수련을 해나가는 것이 매우 중요하다. 이렇게 기도를 바치면 매 순간 현재의 마음이 하느님께 향하게 되기 때문이다. 이렇게 틈날 때마다 마음을 하느님께 향하게 되면 늘 마음이 하느님께 가 있기 때문에 하느님께서 알려주시고자 하시는 영적인 세계에 대해 쉽게 알아듣게 된다.

  몸에 병이 나서 어떤 통증이 생기면 일상생활 중에도 통증이 따라다니게 마련이다. 하느님께 향한 깊은 갈망을 지니고 끊임없이 하느님을 찾는 기도를 드려야만 하느님을 향한 마음도 늘 따라다니는 통증처럼 나와 함께 있게 된다. 그렇게 될 때 하느님의 현존도 체험하게 된다. 하느님의 현존이 느껴지면 언제 어디서든, 어떤 일을 할 때든 끊임없이 기도할 수 있다. 그러나 처음에는 틈만 나면 습관적으로 다른 생각에 머물곤 하기 때문에 이런 경지에 들어갈 수 없다. 이럴 때에는 정신을 차리고 하느님을 섬기고자 하는 겸손한 마음으로 되돌아가 지금 현재에 하느님께 기도드리는 노력을 해야 한다.

✤ 예수마음기도 순서

|1| 자세를 갖춘다.

방석에 정좌나 반가부좌의 자세로 앉는다. 또는 의자에 앉아 등을 곧추세우고 앉는다. 눈을 뜨고 2미터 앞에 있는 바닥 한 곳을 바라본다. 눈을 뜨고 기도하면 분심이 일어나 기도하기 힘들다는 분들이 있는데 기도는 마음으로 조용한 곳에 가서 머무르려고 하는 것이 아니다. 긴장하지 말고 어린아이와 같은 마음으로 눈을 뜨고 기도를 시작한다.

| 2 | 주님의 기도문을 바친다.

하늘에 계신 우리 아버지, 아버지의 이름이 거룩히 빛나시며 아버지의 나라가 오시며, 아버지의 뜻이 하늘에서와 같이 땅에서도 이루어지소서!

오늘 저희에게 일용할 양식을 주시고, 저희에게 잘못한 이를 저희가 용서하오니 저희 죄를 용서하시고, 저희를 유혹에 빠지지 않게 하시고 악에서 구하소서. 아멘.

| 3 | '예수마음기도 영성수련' 기도문을 바친다.

길이요 진리요 생명이신 예수님!

당신께 저의 모든 것을 바치나이다.

저의 과거의 기억들,

현재의 원의들,

미래의 지향들을 아낌없이 바치나이다.

오로지 당신의 현존 안에 이 순간을 머물게 하소서.

길이요 진리요 생명이신 예수님!

당신의 온유하고 겸손한 마음에

저의 마음이 온전히 하나 되게 하소서.

길이요 진리요 생명이신 예수님!

당신 사랑의 마음 자비로운 마음에

저의 마음이 온전히 일치하게 하소서. 아멘.

│4│ **50분간 단순기도를 바친다.**

'저의 주님, 저의 하느님!', 혹은 '예수님, 사랑합니다!' 중

한 기도문을 택해서 50분 동안 화살기도를 바친다.

│5│ **10분간 말씀기도를 바친다.**

매번 본인이 정한 성경 말씀(복음 성경 구절이나 매일 미사의

복음 말씀)을 10분간 정성스럽게 여러 번 읽는 말씀기도를 바

친다.

아버지이신 하느님

저는 14살에 세례를 받았습니다. 그때 그분은 커지셔야 하고 나는 작아져야 한다.(요한 3, 30)는 화살기도를 배워서 늘 이 기도를 바쳤습니다. 만 19살에 수녀회에 입회한 후에도 늘 이 화살기도를 하면서 하느님과 일치하는 내적 기도 생활에서 많은 기쁨을 느끼며 살아왔습니다.

첫 서원 후, 수녀회에서는 제가 계속 공부하기를 원했습니다. 대학을 다니면서 보다 성숙해지는 과정을 겪었습니다. 하지만 그 시기에 심한 갈등이 찾아왔습니다. 미리 공부를 마친 분들과 함께 사는 것이 불편했고, 열등감에 시달리면서 엄청난 두려움이 저를 엄습하는 느낌에 시달렸습니다. 마침내 하느님이 저를 잘못 불러주셨다는 확신을 갖게 된 저는 수녀회를 퇴회하기로 결심했습니다. 수녀회를 떠나기에 앞서 조용히 방에서 기도를 드렸습니다. 기도하기 전까지는 제 결정이 잘 되었다고 느끼고 있었고, 이곳을 나가면 하느님이 도와주시리라는 확신도 있었습니다. 그래서 저는 기쁘게 수녀회를 퇴회할 마음으로 마지막 기도라는 말씀을 드리면서 기도를 시작했습니다.

그런데 이 기도 도중에 제 마음에 예수님의 말씀이 들려왔습니다. '너는 어찌하여 나를 배반하느냐?' 저는 깜짝 놀랐습니다. '제가 퇴회하겠다는 것은 하느님을 배반하려는 것이 아니라 나가서 하느님을 더 잘 섬기려는 것'이라고 하며 예수님께 반항했습니다. '당신께서 저를 선택하셨으면 저에게 기쁨과 평화를 주셔야지 어쩌자고 두려움과 공포에 시달리며 살아가게 하십니까?' 하면서 몇 시간을 울었습니다. 그렇게 울고 나서도 두려움은 가라앉지 않았지만, 수녀회를 퇴회하면 하느님이 저를 도와주시지 않을 것 같아서 퇴회하지 못했습니다.

당시 저는 마치 긴 터널을 지나는 것처럼 힘들었습니다. 하느님의 부재를 느꼈으며 막막한 마음이 저를 엄습했습니다. 여러 방법으로 기도해보았지만 모두가 헛일이었습니다. 그러던 중에 매년 해오던 이냐시오 영신수련 8일 피정을

하게 되었습니다. 피정을 시작한 지 닷새째 되는 날, 구약
성경 예레미아 3장 19절의 말씀으로 묵상하게 되었습니다.
나는 너희가 나를 '저의 아버지'라 하고 나를 따르던 길에서
돌아서지 않을 것이라고 생각하였다. 그런데 이 말씀을 대
하는 순간 인자하신 할아버지 같으신 분이 제 등을 두드리
시며 '왜 너는 나를 아버지라고 부르지 않느냐?'라고 하시는
것을 느꼈습니다. 너무 놀라서 뒤를 돌아보았지만 그곳에는
아무도 계시지 않았습니다. 다만 아버지의 사랑 어린 느낌
만이 저를 감싸고 있었습니다. 그때 저는 거의 3시간 정도
울면서 그동안 제 안에 묶여 있던 온갖 두려움과 공포, 열등
감들이 손과 발을 통해서 빠져나가는 것을 느꼈습니다.

그다음부터는 기쁨이 너무나 커서 아무하고도 이 체험을
나눌 수가 없었습니다. 그러나 제 마음 안에는 기쁨과 평화,
고요와 안정감이 계속 머물면서 '하느님이 나를 딸로 여기
시는데 내가 두려워할 게 무엇이랴' 하는 마음이 들었습니
다. 아무도 저를 건드릴 수 없도록 하느님이 저를 지켜주신
다는 것을 체험했습니다. 하느님의 자녀가 되는 자존감을
회복한 기도였습니다.

아버지의 사랑

어느 날 지도자와 만나고 면담실을 나오면서 낙담한 심정으로 터덜터덜 걷고 있었습니다. 그때 하느님께서 저의 마음을 건드려주셨습니다. 갑자기 흑 하며 눈물이 왈칵 쏟아져내렸습니다. 보호해달라고 발버둥치는 어린아이가 떠올랐는데, 그 아이가 너무 가엾이 느껴졌기 때문이었습니다. 저는 그날 엉엉 울었습니다.

저는 아버지가 안 계신 가운데 자라왔기 때문에 아버지의 사랑을 구체적으로 느낀 적이 없었습니다. 그래서 하느님이 어떤 분이신가 하는 질문을 대하면 늘 막연했습니다. 늘 아버지의 사랑을 누군가에게 빼앗겼다는 한스러운 슬픔, 공허함, 그리움, 외로움을 갖고 있었습니다. 그날 어린아이의 모습을 보며 어린 시절의 아픔이 떠오르자 서럽고 원통하고 억울해서 왜 저에게 이런 아버지를 주셨냐고, 아픈 마음을 호소하는 기도를 눈물이 마를 때까지 드렸습니다.

그 일이 있은 지 이틀이 지난 후, 기도 중에 그 아이가 동산에서 뛰어 노는 모습이 눈앞에 보였습니다. 그 옆에는 어떤 남자 어른이 미소 짓고 있었습니다. 아이는 그분을 바라보다 놀고, 그러다가 또 쳐다보고는 안심하고 놀았습니다. 저는 그분이 하느님 아버지이심을 즉시 알아보고 깨달았습니다. 그리고 자비로운 아버지의 사랑이 느껴졌습니다. 그것을 보는 저의 얼굴에 미소가 번졌습니다. 이 체험을 통해 저는 제가 하느님의 딸이라는 자존감을 회복하는 기쁨을 누리게 되었습니다.

예수님께서는 몸과 마음이 일그러진 사람들을 치유해주셨다. 특히 과거에 상처를 받아 자신의 힘으로는 회복될 수 없는 사람들을 친히 돌보시고, 죄를 용서하시고 악한 영의 속박에서 이끌어내주셨다. 우리는 자신이 왜 이렇게 어둡게 살아가는지 잘 알지 못한다. 기도를 통해 하느님의 사랑으로 스스로를 비추어볼 때에야 자신의 죄스러운 모습과 상처, 좌절들을 볼 수 있다. 이런 것들을 어린아이같이 정직하게 하느님께 기도드리면 하느님께서는 우리를 치유해주신다.

QR코드를 찍으면 제2여정 강의를 들으실 수 있어요.

제 2 여정

치유(감정)

: 치유하시는 하느님 :

치유를 청하는 기도

✤ 예수님을 만나기 위한 기도

며칠 뒤에 예수님께서는 다시 카파르나움으로 들어가셨다. 그분께서 집에 계시다는 소문이 퍼지자, 문 앞까지 빈자리가 없을 만큼 많은 사람이 모여들었다. 예수님께서는 그들에게 복음 말씀을 전하셨다. 그때에 사람들이 어떤 중풍 병자를 그분께 데리고 왔다. 그 병자를 네 사람이 들것에 들고 있었는데, 군중 때문에 그분께 가까이 데려갈 수가 없었다. 그래서 그분께서 계신 자리의 지붕을 벗기고 구멍을 내어, 중풍 병자가 누워 있는 들것을 달아 내려 보냈다. 예수님께서 그들의 믿음을 보시고 중풍 병자에게 말씀하셨다. "얘야, 너는 죄를 용서받았다."(마르 2, 1-5)

중풍 병자가 예수님께 가기 위해서는 친구들이 지붕을 뚫고 환자를 내려 보내는 수고가 있어야 했듯이, 우리도 하느님을 만나 치유를 받기 위해서는 우리의 내면 깊은 곳에 계신 예수님께 이르는 영적 여정의 기도를 드려야 한다.

우리의 내면으로 깊이 들어가는 길에는 방해를 걸어오는 많은 장애물들이 있다. 우선 육체가 온갖 이유를 대면서 가만히 앉아서 기도드리지 못하도록 아우성을 친다. 이런 육체의 욕구를 달래면서 앉아서 기도드리는 수련의 여정을 가야한다. 처음에는 짧게 기도를 드리다가 점점 시간을 늘려 한시간을 앉아서 기도드릴 수 있을 때까지 몸을 수련하는 노력을 기울여야 한다.

내면으로 들어가는 여정을 방해하는 또 다른 장애물은 온갖 근심과 걱정들이다. 그것들은 잠시도 조용히 앉아서 기도하지 못하게 하며 마음을 산란하게 한다. 이럴 때에는 '예수님, 사랑합니다!'나 '저의 주님, 저의 하느님!'의 기도문으로 잡념을 물리치는 기도를 드려야 한다. 미래의 분심과 현재의 분심을 알아차리고 보내는 기도를 한동안 해야 한다.

이렇게 기도를 하다 보면 어느 순간 중풍 병자처럼 예수님 앞에 있는 자신을 발견하게 된다. 예수님께서는 우리에게 무엇이 필요한지 다 알고 계신다. 그러므로 아픔과 좌절, 상처와 죄의 모습들을 다 말씀드리는 기도를 바치면 하느님께서 우리의 간절한 기도를 들어주시고 치유해주시는 체험을 하게 된다.

✥ 자녀로서 청하는 기도

그러자 그 여자가, "주님, 그러나 상 아래에 있는 강아지들도 자식들이 떨어뜨린 부스러기는 먹습니다." 하고 응답하였다. 이에 예수님께서 그 여자에게 말씀하셨다. "네가 그렇게 말하니, 가 보아라. 마귀가 이미 네 딸에게서 나갔다."(마르 7, 28-29)

예수님께 우리의 아픔이나 상처, 어두움들을 없애달라고 기도드릴 때에는 시리아 페니키아의 여인처럼 당당하게 하느님의 자녀가 누릴 영적 축복을 청해야 한다. 하느님께서 알아서 치유해주기를 기다리지 말고, 자신이 처한 처지와 자신의 힘으로는 도저히 어쩔 수 없는 아픔들을 주님께 있는 그대로 내보이고 예수님께서 돌봐주시기를 청하는 기도를 드려야 한다.

이때 하느님의 자녀로서 부여받은 '자신을 위한 권리 주장'을 하는 것이 매우 중요하다. 마귀에게 시달림을 받는다면 영적 축복의 삶을 살지 못하고 있는 것이다. 따라서 온 힘을 다해 마귀를 내보내달라고 예수님께 기도를 드려야 한다. 예수님께서는 이방 여인의 청에도 그 믿음을 보시고 마귀를 내쫓아주신 분이시다.

내가 너희에게 말한다. 청하여라, 너희에게 주실 것이다. 찾아라, 너희가 얻을 것이다. 문을 두드려라, 너희에게 열릴 것이다. 누구든지 청하는 이는 받고, 찾는 이는 얻고, 문을 두드리는 이에게는 열릴 것이다.(루카 11, 9-10)
너희가 악해도 자녀들에게는 좋은 것을 줄 줄 알거든, 하늘에 계신 아버지께서야 당신께 청하는 이들에게 성령을 얼마나 더 잘 주시겠느냐?(루카 11, 13)

예수님께서는 필요한 것을 청하고 찾고 문을 두드리라고 말씀하셨다. 그리고 이렇게 기도할 때 하느님께서 성령을 주시리라고 하셨다. 그러므로 우리가 기도드릴 때에는 우리가 원하는 것을 이루어달라고 기도할 것이 아니라, 성령께서 오셔서 우리 마음을 당신의 마음으로 바꾸어주시기를 청하는 기도를 해야 한다. 하느님께서는 당신의 모든 것을 주시기 원하시는데 우리가 이 세상 것만 청하면, 하느님은 결코 우리의 기도에 응답하지 않으실 것이다.

영혼을
치유해주시는 예수님

중풍 병자가 당신 앞에 왔을 때 예수님께서 제일 먼저 한 일은 그의 죄를 용서해주시는 것이었다. '너는 죄를 용서받았다' 하시며 사람의 힘으로는 내려놓을 수 없는 죄책감과 두려움을 말끔히 없애주셨다. 그리하여 우리 내면의 가장 어두운 면을 치유해주시고 우리를 새로운 영으로 다시 태어나게 해주실 권한이 당신에게 있음을 보여주셨다. 이렇게 죄를 용서해주실 수 있는 하느님만이 우리를 당신의 모습대로 새롭게 태어나도록 해주실 수 있는 것이다. 하느님께서는 이렇

게 당신의 모습으로 사람을 창조하셨다.(창세 1, 27)

예수님이 사시던 시대에는 심한 병에 걸리면 자신이나 부모, 혹은 조상이 죄를 지어 그 벌을 받는 것이라 생각하는 경우가 많았다. 예수님께서 중풍 병자의 병을 고쳐주시고 죄를 사해주신 것은, 이런 생각을 가진 사람들에게 그가 새롭게 태어났음을 강조하시며 앞으로 그를 죄 지은 사람으로 대하지 말라고 알려주시는 것이다. 이렇게 예수님께서는 우리의 죄를 용서해주시고 하느님의 자녀로 새롭게 태어나게 하셔서, 죄 때문에 단절되었던 하느님과 우리의 관계를 회복시켜주신다. 이를 통해 우리는 하느님의 자녀라는 자존감을 되찾아 당당하게 살아갈 수 있게 된다.

요한 복음서 4장에는 사마리아 여인과의 대화 장면이 나온다. 예수님께서는 마실 물을 달라는 당신의 요청을 거절한 사마리아 여인이 하느님의 축복을 받을 수 있도록 하기 위해 여인의 과거 삶에 대해 물으시고는 갑자기 남편을 불러오라고 하신다. 여인은 남편이 없다고 말하며 자기의 과거에 대한 솔직한 대답을 피해가려고 한다. 이에 예수님께서는 자신의 본모습을 숨기고 싶어 하는 여인에게 과거의 아픈 기억들을 직면하게 하시고 잘못 살았던 삶을 되새겨 보게 하신다. 하지만 주님께서는 여인의 지난 삶을 단죄하거나 업신여기지 않으셨다. 대신 하느님을 올바르게 섬기면 영원히 목마르지 않는 물을 마실 수 있다고 말씀해주신다.

세상 삶에 대한 강한 애착 속에서 이기적으로 자기 욕심을 채우다 보면 죄를 짓게 된다. 이로 인해 타인에게까지 심한 상처를 주기도 한다. 예수님께서는 중풍 병자의 죄도, 사마리아 여인의 무질서한 결혼 생활도 모두 용서하시고 영적인 삶으로 그들을 초대하신다. 더 이상 죄 때문에 숨어 살거나 어두운 마음으로 살지 말라고 하신다. 여기에서 우리는 내가 너에게 말한다. 일곱 번이 아니라 일흔 일곱 번까지라도 용서해야 한다.(마태 18, 22)고 하신 말씀의 의미를 알 수 있다. 죄가 아무리 깊고 크다고 해도 하느님께서는 당신께 돌아오기만 하면 모든 것을 용서해주시고 새 삶을 살게 해주시겠다는 뜻이다.

마음의 상처를
치유받는 기도

✣ 내면의 어두움을 보여주시는 하느님

우리는 과거 사건 모두를 기억하며 살지 않는다. 좋은 일이든 나쁜 일이든 잊히는 것들이 있게 마련이다. 그러나 우리 안에 있는 깊은 마음의 상처는 여러 가지 방법으로 우리를 괴롭힌다. 때로는 그 원인을 몰라 당황하기도 하고, 때로는 남을 해하려는 마음과 만나기도 한다.

그럴 때 '저의 주님, 저의 하느님!'이나 '예수님, 사랑합니다!' 하는 단순기도를 틈날 때마다 순간순간 바치며 하루 한 시간씩 앉아서 기도드리면 예수님께서 우리의 내면에 깊숙이 자리하고 있는 마음의 어두움들을 알게 해주신다.

∴ 참된 치유를 위한 기도

부모님이나 이웃으로부터 부당한 대우를 받았을 때 우리는 큰 상처를 입는다. 어떤 사람들은 그로 인한 상처를 다른 사람에게 투사하여 괴롭히거나 스스로를 해치기도 한다. 하느님께서 자신의 상처나 좌절의 아픔을 치유해주시기 원한다면 아팠던 기억을 의식적으로 되살리려는 시도는 하지 말아야 한다. 이런 기도는 하느님의 뜻을 따르는 기도가 아니라, 하느님께 내 뜻을 들어달라고 무모하게 요청하는 기도가 되어버리기 때문이다.

내 무의식 안에 깃들어 있는 상처의 참된 치유를 위해서는 하느님께서 우리의 과거 아픔을 알게 해주실 때까지 하느님을 신뢰하며 예수마음기도를 드려야 한다. '예수님, 사랑합니다!'라든가 '저의 주님, 저의 하느님!'의 기도문으로 기도드리다 보면 하느님께서 과거의 아픔을 보여주신다. 그러면 하느님께 그때의 상처로 인해 받은 모든 아픔들을 있는 그대로 말씀드리며 기도한다. 그 시간 동안에는 단순기도문을 반복하는 기도는 일단 멈춘다. 그리고 하느님께서 알려주시는 과거의 상처나 좌절을 현재로 가져와 당시의 아픔을 그대로 하느님께 말씀드리는 기도를 바친다.

기도하면서 주의할 것은 상상으로라도 나에게 상처 준 사람을 저주하거나 그가 벌받기를 바라는 기도를 드려서는 안 된다는 것이다. 또한 상대방에게 폭력적으로 대하거나 해치는 행위를 상상해서도 안 된다. 그렇게 하면 자신 안에 있는 폭력성을 키우게 될 우려가 있기 때문이다.

자신이 느끼는 아픔과 슬픔, 원망, 분노 등의 감정만을 아뢰면 된다. 그러면 하느님께서 우리의 기도를 듣고 당신의 마음을 우리에게 심어주셔서 우리 마음이 하느님의 마음으로 변화된다. 우리는 하느님께서 치유해주신 후에야 비로소 상대방을 용서할 마음을 지니게 된다.

상대방에게서 받은 상처가 크면 클수록 분노도 크게 마련이다. 그 분노의 감정을 솔직하고 정직하게 하느님께 다 말씀드려야 한다. 감정은 죄가 아니다. 그러나 그 감정을 가지고 복수를 하면 원수를 갚는 것이 된다. 반면 분노의 감정을 있는 그대로 하느님께 말씀드리면 하느님께서 나의 기도를 들어주시고 복수심을 거두어가신다.

⁜ 어린아이 같은 기도

기도할 때에는 당시 느낀 분노나 복수심, 무기력감 등의 감정을 어린아이처럼 그대로 말씀드려야 한다. 예를 들어 어떤 사람에게 큰 해를 입어 몹시 마음이 아픈 상황이라면 '예수님, 저는 너무 억울하고 화가 나요. 제가 왜 이런 일을 당해야 합니까?' 하며 자신의 감정을 솔직하게 모두 말씀드리는 기도를 해야 한다. 어린아이들은 심하게 다쳤을 때 부모를 보고 마냥 울기만 한다. 어린아이들은 '저를 얼른 병원에 데려가 수술받게 해주세요.'같이 어른스럽게 말하지 않는다. 하느님께 우리 감정을 말씀드릴 때에도 이렇게 어린아이 같은 기도를 해야 한다.

어린 시절 아버지로부터 학대를 당한 적이 있다면 하느님께 '우리 아버지는 나쁜 사람입니다. 그때 저는 너무 무서웠습니다. 학대당하는 제가 너무 슬펐습니다. 하느님은 그때 어디 계셨습니까? 하느님은 저에게 왜 그런 아버지를 주셨습니까?'라고, 고발하고 항의하고 원망하며 자신의 감정을 있는 그대로 말씀드리는 기도를 바쳐야 한다. 이때 주의할 것은 자신에게 상처와 아픔을 안겨준 특정 대상을 이성적으로 이해하려 애쓰지 말아야 한다는 것이다. '그때 그 상황에서 그 사람은 그럴 수밖에 없었을 것'이라는 식으로 자신에게 상처를 안겨준 가해자의 입장을 변명하려 할 필요가 없다. 그저 당시 느끼고 아파했던 자신의 감정만 있는 그대로 드러내고 호소하는 것이 중요하다.

상처가 심할수록 치유되는 데 시간이 많이 걸린다. 쉽게 치유되지 않는다면 계속해서 자신의 아픔을 아뢰는 기도를 해야 한다. 이 기도를 언제까지 해야 하는가 묻는 분들이 있는데, '하느님께서 기도를 들어주시고 치유해주실 때까지'가 답이다. 마침내 하느님께서 치유해주시면 상대방에 대한 원망이나 복수심이 사라지고, 마음이 평온해지면서 어두웠던 마음이 가벼워지는 것을 느끼게 된다. 하느님께서 당신을 치유해주실 때까지 기다리는 것은 매우 중요하다. 조급해하며 빨리 마음이 평안해지기를 바란다면 그것은 자신의 뜻대로 되기를 바라는 기도가 되기 때문이다.

자신의 죄를
용서받는 기도

자신이 지은 죄도 스스로 용서하고 치유받을 필요가 있다. 하지만 우리는 스스로 자신의 죄를 용서할 수 없다. 기도드리다가 남에게 상처 주었던 자기의 모습이 떠오른다면 어떻게 기도드려야 할까? 우리는 과거에 지은 큰 죄가 떠오를 경우 몹시 당황한다. 그리고 그런 죄는 하느님도 용서해주실 수 없을 거라고 잘못된 생각을 하곤 한다. 그러므로 자신이 지은 죄가 떠오른다면 그것을 인정하고 하느님께 용서를 청하는 기도를 드려야 한다. 이때 하느님께서 자기 죄를 용서해주시리라는 믿음을 갖고 기도를 바쳐야 한다.

✤ 자신의 죄를 인정하는 기도

　과거에 자신이 지은 죄가 떠오르면 먼저 그 죄를 범했다고 인정하는 여정을 가야 한다. 예를 들어 구약 성경 속 다윗 왕은 예언자 나탄이 간음과 살인 죄에 대해 지적했을 때 내가 주님께 죄를 지었소.(2사무 12, 13) 하며 자신의 죄를 인정하고 즉시 하느님 앞에 무릎을 꿇었다.

　그러면서 저의 죄악을 제가 알고 있으며 저의 잘못이 늘 제 앞에 있습니다.(시편 51, 5)라고 고백하는 기도를 드렸다. 우리도 이렇게 자신의 죄를 고백하는 기도를 드려야 한다.

✤ 용서를 청하는 기도

자신의 죄를 인정하는 기도를 드린 후에는 하느님께 용서를 청하는 기도를 드린다. 다윗 왕은 다음과 같이 기도를 드렸다.

하느님, 당신 자애에 따라 저를 불쌍히 여기소서. 당신의 크신 자비에 따라 저의 죄악을 지워 주소서. 저의 죄에서 저를 말끔히 씻으시고 저의 잘못에서 저를 깨끗이 하소서. 저의 죄악을 제가 알고 있으며 저의 잘못이 늘 제 앞에 있습니다.(시편 51, 3-5)

하느님께서 용서해주셔야 우리는 이 무거운 죄의 어두움에서 벗어날 수 있다. 진정으로 참회하며 용서를 청하는 기도를 드려야 치유받을 수 있다.

⁑ 하느님의 용서를 믿는 기도

오너라, 우리 시비를 가려 보자. 너희의 죄가 진홍빛 같아
도 눈같이 희어지고 다홍같이 붉어도 양털같이 되리라.

(이사 1, 18)

하느님께 솔직하게 고백하고 참회하는 기도를 드릴 때는,
아무리 큰 죄를 지었다 해도 모두 용서해주시리라는 것을 믿
어야 한다. 하느님만이 우리의 마음에 하느님의 영을 다시
넣어주실 수 있는 분이시다.

저의 허물에서 당신 얼굴을 가리시고 저의 모든 죄를 지워
주소서. 하느님, 깨끗한 마음을 제게 만들어 주시고 굳건
한 영을 제 안에 새롭게 하소서. 당신 면전에서 저를 내치
지 마시고 당신의 거룩한 영을 제게서 거두지 마소서. 당신
구원의 기쁨을 제게 돌려주시고 순종의 영으로 저를 받쳐
주소서. 제가 악인들에게 당신의 길을 가르쳐 죄인들이 당

신께 돌아오리이다. 죽음의 형벌에서 저를 구하소서, 하느님, 제 구원의 하느님. 제 혀가 당신의 의로움에 환호하오리다. 주님, 제 입술을 열어 주소서. 제 입이 당신의 찬양을 널리 전하오리다.(시편 51, 11-17)

사마리아 여인은 예수님을 만나고 나서 자신의 부끄러운 과거에서 해방되어 새로운 삶을 살아가게 되었다. 마찬가지로 기도드리는 과정을 통해 하느님께서 우리 과거의 죄를 용서해주시고 사랑해주신다는 체험을 하고 나면 우리도 영적인 새로운 삶으로 나아가게 된다.

죄를 지은 다윗 왕(2사무 11, 1-27)도, 방탕한 생활로 아버지의 재산을 다 날리고 돌아온 작은 아들(루카 15, 11-32)도 하느님 앞에서 무릎을 꿇고 통회하며 자신이 범한 죄를 용서해달라는 기도를 드렸다. 작은 아들은 이제 당신의 아들로는 합당하지 않으니 품팔이꾼으로라도 받아달라고 했다. 우리가 하느님 앞에서 자기의 죄를 말씀드릴 때에는 하느님의 마음을 상하게 해드린 것에 대해 진실로 용서를 청하는 기도를 드려야 한다.

요한 복음서에서 나타나듯이 간음하다 들킨 여인에게 예수님께서는 나도 너를 단죄하지 않는다. 가거라. 그리고 이제부터 다시는 죄짓지 마라.(요한 8. 11)고 하셨다. 이처럼 예수님께서는 우리의 기도를 기꺼이 들어주시며 우리 죄를 용서하시고 다시는 묻지 않으신다.(예레 31. 34) 그러므로 우리는 그런 하느님을 신뢰해야 한다. 하느님께서 우리에게 새로운 마음을 주셔서 기쁜 마음으로 하느님을 찬미할 수 있게 되리라는 것을 믿고 기도를 바쳐야 한다.

하느님은 우리를 하늘나라에 들어가는 영적인 삶으로 초대하신다. 유한한 세상의 삶은 백 년을 넘지 못한다. 그러나 하느님께서 초대하시는 영적인 삶은 영원한 삶이고, 이미 이 세상에서도 하느님 나라에 들어갈 수 있는 삶이다.

어린아이와 같은 마음을 가지면 하늘나라에 들어갈 수 있다. 아무리 큰 죄를 지었다 하더라도 하느님을 찾고 만나 용서를 받으며 영적으로 새롭게 태어나는 삶을 살 수 있다. 우리가 하느님께 진실하게 우리의 죄스러운 모습을 고백하면 하느님께서는 우리에게도 같은 사랑을 부어주셔서 우리 영혼을 새롭게 해주신다.

괜찮아
....

저는 늘 잘못을 저지르지 않을까, 혹은 공연히 야단맞지 않을까 두려워하며 전전긍긍하고 살았습니다. 저는 이것이 저의 성격 때문이라고만 생각해왔습니다. 야단맞지 않기 위해, 잘못하지 않기 위해 온갖 노력을 기울여야 했기 때문에 항상 에너지가 부족해 힘들어하곤 했습니다. 그러던 중 '예수마음기도 40일 영성수련' 피정에 참여하게 되었고, 그것을 통해 제가 왜 그렇게 두려워하면서 힘들게 살았는지 알게 되었습니다.

어릴 적 기억이 떠올랐습니다. 저는 어릴 때 동갑내기 고모와 같이 자랐는데, 5살 즈음의 어느 날 고모가 숟가락으로 제 머리를 때려서 아파 울었던 일이 있었습니다. 그런데 그때 제 울음소리를 듣고 밖에서 들어오신 어머니는 영문도 묻지 않은 채 그저 운다는 이유만으로 저를 벽에 세워놓고 무작정 때리셨습니다. 이 기억이 떠오르자 서럽고 억울한 감정이 북받쳐 올라왔습니다.

또 다른 기억도 떠올랐습니다. 초등학교 1학년 때, 그날은 유난히 바람이 많이 불고 추운 날이었습니다. 학교에 가야 했지만 체구가 작고 몹시 마른 편이었던 저는 '혹시 바람에 날아가는 것 아닐까?' 하는 두려움에 학교 가기를 망설이고 있었습니다. 어머니는 그런 저를 보시고는 '왜 학교에 안 가느냐'며 크게 혼내셨습니다. 이전까지 한 번도 학교를 결석한 일이 없었는데도 말입니다. 결국 어머니께 야단을 맞고 학교에 가게 되었는데, 저는 가는 길에 바람에 떠밀려 남의 집 기둥을 붙잡고 서 있기도 하고 가로등을 붙잡고 서 있기도 하면서 간신히 발걸음을 옮겼습니다. 그때의 기억이 나자 원망과 서러움이 몰려왔습니다.

이런 기억들이 떠오르자 목놓아 울면서 기도했습니다. "하느님, 왜 저에게는 따뜻하지도 않고 야단만 치는 어머니를 주셨나요? 저는 너무도 서럽고 억울하고 두려웠습니다. 잘못하지 않으려고 애쓰느라 너무 힘들었습니다." 서러운 마음이 올라올 때마다 이렇게 기도했습니다. 그러자 어느 순간 마음 안에서 '괜찮아' 하는 소리가 들려왔습니다. 따스함이 느껴지고, 마음이 편안해졌습니다. 그 후부터는 일상을 살아가다 두려움이 닥쳐도 더 이상 그 두려움에 지배당하지 않게 되었습니다. 자연스럽게 '잘 못할 수도 있어. 괜찮아'라고 스스로를 격려하는 말이 나오며 편안한 마음을 갖게 되었습니다.

벌을 받은 게 아니야

저는 2남 2녀 중 맏이로 태어났습니다. 5살 되던 해에 독감을 심하게 앓고 난 후부터 한쪽 다리를 못 쓰게 되었습니다. 가족들은 이런 저를 애처롭게 생각하고 많은 배려와 사랑을 주었습니다. 그러나 저는 소심하고 용기 없는 아이로 자랐습니다. 그리고 제 안에선 항상 다른 사람을 위해 뭔가해야 한다는, 뚜렷하지 않은 책임감 같은 것이 있었습니다. 어려서부터 부모님께 무언가 사달라고 떼써본 기억이 없습니다. 저는 아주 착한 아이였습니다. 그러나 맏이인 저는 그것이 당연하다고 생각하며 자랐습니다.

그런데 기도 생활을 시작하고 나서 언제부턴가 종종 어두움에 시달리는 일이 일어났습니다. 기도를 하려 하면 형체도 없는 검은 것이 자꾸 눈앞에 어른거리곤 했습니다. 그것은 기도를 방해할 뿐 아니라 두려움까지 주었습니다. 고해성사도 보고, 성수도 뿌려보았으나 소용이 없었습니다. 그러던 어느 해 '예수마음기도 영성수련' 40일 피정을 하는데 그 검은 것이 또 나타났습니다. 그런데 자세히 보니 그 검은 것 속에 어린 아이의 눈이 있었습니다. 그것은 다름 아닌 5살 때의 제 눈이었습니다. 그 어린아이는 어두운 구덩이 속에서 떨고 있었습니다. 그 아이를 보는 순간 어린 시절의 기억이 떠올랐습니다.

어릴 때 저희 동네에는 소아마비로 다리를 저는 언니가 있었는데, 저는 그 언니의 걸음을 흉내 내곤 했습니다. 그런데 얼마 후 저도 독감처럼 심한 병을 앓고 나서 왼쪽 다리를 움직일 수 없게 되었던 것입니다. '아! 언니를 놀려서 하느님이 벌 주셨다고 생각했고, 그 죄책감 때문에 항상 남을 위해 뭔가를 해야 한다고 생각하며 두려움 속에서 살아왔던 거였구나!' 그래서 나는 착한 아이가 될 수밖에 없었던 거구나!

저의 내면에서는 5살 난 어린아이가 계속 '두렵다, 도와달라'고 호소하고 있었는데, 그런 것은 상상조차 못한 채 너무나 힘들게 살아왔던 겁니다. 한순간에 제 삶의 모든 것을 이해할 수 있었습니다. 저는 그 아이를 끌어안으며 말했습니다. "네가 너무 많이 힘들었구나! 몰라봐서 정말 미안하다! 이제 괜찮아! 너는 벌을 받은 게 아니고 병을 앓았을 뿐이야. 하느님이 벌을 주신 게 아니야!"

그러면서 아이를 구덩이에서 끌어올려 보듬어 안고 몇 시간 동안이나 울며 위로했습니다. 그리고 '이 어린 것이 무슨 잘못이 있다고 이렇게 오랜 세월 어둠 속에서 떨게 하셨나요? 하느님은 인정도 없으신가요?' 하고 하느님께 대들며 기도했습니다. 몇 시간이 흐르자 저는 마음이 편안해졌고 아이는 재잘거리기 시작했습니다. 아이의 얼굴이 꽃처럼 피어났습니다.

저는 그동안 겪어왔던 무거운 책임감과 아픔, 고통, 두려움, 그리고 힘들었던 많은 시간들의 죄책감의 뿌리를 만나면서 한꺼번에 치유되는 체험을 하였습니다. 저는 5살 때 관절염을 앓으면서 고생도 많이 했고 수술도 여러 번 하였습니다. 저는 그 아픔들을 머리로만 이해하고 아픈 감정을 보듬으려 하지 않았습니다. 그냥 알고 있는 대로, 이해한 대로, 머리로 생각하면서 '이 정도로 걸을 수 있는 것도 감사하지. 더구나 수도자로 살고 있으니 뭘 더 바라겠는가?' 하는 식으로 나의 아픔을 이해하고 위로했던 거죠. 머리로 다

괜찮다고만 생각하면서.

　이 체험이 있은 후 일상생활에 변화가 생겼습니다. 나의 기도를 방해하며 괴롭히던 그 검은 물체는 더 이상 나타나지 않게 되었고 제게는 자신감이 생겼습니다. 무엇보다도 하느님의 사랑받는 자녀라는 것이 저를 당당하게 하고 모든 것에서 자유롭게 해주었습니다.

제 3 여정은 지성적으로 하느님을 만나는 여정이다. 예수님의 가르침대로 기도하면서 우리 삶의 태도를 되돌아보고 회심과 참회를 거쳐 하느님의 자녀로 살기 위한 영적 여정을 간다. 이 여정 동안 예수님께서는 우리가 자신의 삶을 주도했던 기존의 가치관과 사고방식, 고정 관념 등을 내려놓고 복음에 따라 살아가도록 이끌어주신다. 하느님의 자녀로 태어나는 것은 하느님 아버지의 사랑으로 온전히 변화되는 체험이 있을 때에만 가능하다. 이는 내가 사랑하는 아들, 내 마음에 드는 아들이다.(마태 3, 17) 라는 성경 구절이 자신에게 주시는 말씀으로 들릴 때 하느님께서 우리를 얼마나 사랑하시는지 깨닫게 된다. 이런 체험을 한 후에는 마음에 평화와 기쁨이 찾아온다. 그리고 하느님의 자녀라는 자존감을 회복해 당당하게 살아갈 힘을 얻는다.

QR코드를 찍으면 제3여정 강의를 들으실 수 있어요.

제 3 여정

자녀(지성)

: 자녀가 되도록 이끄시는 하느님 :

●

지성으로 바치는
회심의 기도

●

✥ 원수를 사랑하기 위한 기도

나는 너희에게 말한다. 너희는 원수를 사랑하여라. 그리고
너희를 박해하는 자들을 위하여 기도하여라. 그래야 너희
가 하늘에 계신 너희 아버지의 자녀가 될 수 있다.

(마태 5, 44-45)

우리는 행동을 주관하고 있는 내면의 동기들을 알아차리기

위해 미래나 현재의 분심들을 물리치고 깨어서 '예수님, 사랑합니다!', 혹은 '저의 주님, 저의 하느님!' 하는 단순기도를 끊임없이 바친다. 이렇게 기도를 바치는 과정에서 우리 안에 잠재해 있는 어두운 마음을 만나게 된다. 경우에 따라 누군가를 도저히 용서할 수 없는 마음이나 복수심도 발견하게 된다.

그럴 때에는 예수님께 이런 분노의 마음을 솔직하게 있는 그대로 말씀드리며 '저는 도저히 아무개를 용서할 수 없습니다.' 하는 기도를 바친다. 우리 자신의 노력만으로는 아무리 용서를 하려 해도 할 수 없기 때문이다. 하느님께서 은총을 내려주셔야 가능하다. 그러므로 예수님께 자신의 힘든 마음을 어린아이같이 계속 말씀드리는 과정이 필요하다. 그러다 보면 하느님께서는 미처 생각하지 못한 순간에 우리의 마음을 변화시켜서 용서할 수 있도록 바꿔주신다. 복수하고 싶은 마음이 원수까지도 사랑할 수 있는 마음으로 바뀌는 것이다.

우리의 마음을 짓누르고 있는 복수심을 내려놓으면 훨씬 편하고 가벼워진다. 따라서 성령께서 오셔서 우리 안에서 활동하실 때까지 지속적으로 기도를 드려야 한다. 예수님께서는 늘 우리를 부르고 계신다. 당신의 마음은 온유하고 겸손하니 당신에게 배우라고 말씀하신다.

✤ 세리의 기도

예수님께서는 또 스스로 의롭다고 자신하며 다른 사람들을 업신여기는 자들에게 이 비유를 말씀하셨다. "두 사람이 기도하러 성전에 올라갔다. 한 사람은 바리사이였고 다른 사람은 세리였다. 바리사이는 꼿꼿이 서서 혼잣말로 이렇게 기도하였다. '오, 하느님! 제가 다른 사람들, 강도짓을 하는 자나 불의를 저지르는 자나 간음을 하는 자와 같지 않고 저 세리와도 같지 않으니, 하느님께 감사드립니다. 저는 일주일에 두 번 단식하고 모든 소득의 십일조를 바칩니다.' 그러나 세리는 멀찍이 서서 하늘을 향하여 눈을 들 엄두도 내지 못하고 가슴을 치며 말하였다. '오, 하느님! 이 죄인을 불쌍히 여겨 주십시오.' 내가 너희에게 말한다. 그 바리사이가 아니라 이 세리가 의롭게 되어 집으로 돌아갔다. 누구든지 자신을 높이는 이는 낮아지고 자신을 낮추는 이는 높아질 것이다.”(루카 18, 9-14)

성경을 읽다 보면 기도에 대한 교회의 가르침까지도 자기 편의대로 해석하고 자신을 드러내기 위해 이용하는 사람들을 볼 수 있다. 예수님께서는 교회의 영적인 가르침까지도 세속적으로 받아들여 겉치레 신앙인으로 사는 사람들에게 경고하신다. 복음 말씀대로 살도록 초대받은 우리도 때로는 바리사이처럼 신앙생활을 충실히 실천한다고 자랑하며 세리와 같은 사람들을 업신여기는 행동을 할 때가 있다.

주님께서는 겸손하게 기도하는 세리를 예로 들면서, 우리에게도 있는 그대로의 처지와 잘못을 솔직하게 고백하는 기도를 하라고 알려주신다. 세리와 같이 하느님께 용서를 청하는 기도를 할 때 우리는 하느님의 자비로운 마음을 체험하게 된다. 그럴 때 하느님 아버지께서는 우리의 모든 죄를 용서해주시고 당신의 자녀로 삼아주신다.

❖ 세상적인 원칙에서 벗어나는 기도

고생하며 무거운 짐을 진 너희는 모두 나에게로 오너라. 내
가 너희에게 안식을 주겠다. 나는 마음이 온유하고 겸손하
니 내 멍에를 메고 나에게 배워라. 그러면 너희가 안식을
얻을 것이다. 정녕 내 멍에는 편하고 내 짐은 가볍다.

(마태 11, 28-30)

우리는 세상에서 여러 가지 원리 원칙들에 매여 무거운 짐
을 지고 살아간다. 가령 '어떤 어려움도 참고 견디며 인내해야
한다.'는 지침에 따라 산다면, 아픔을 표현하지 못하기 때문에
마음에 고통이 쌓여갈 것이다. 세상의 원칙이 마음속에 강하
게 자리해 있으면 늘 무거운 짐을 지고 있는 것처럼 느껴진
다. 그럴 때는 이러한 원칙에 얽매여 무조건 참지 말고 그날
그날의 아픔을 하느님께 다 표현하는 기도를 드리도록 한다.
이런 기도를 드리면 마음이 훨씬 가벼워지고 깊은 평온함
을 얻을 수 있다. 이때 하느님께서는 당신의 부드럽고 자애

로운 마음을 우리에게 주신다. 그런 마음을 가지면 그동안 우리를 지배해왔던 인간적인 원칙이나 관습의 멍에에서 벗어나 하느님께서 주시는 영적인 삶을 살 수 있다. 매 순간 '예수님, 사랑합니다!', 혹은 '저의 주님, 저의 하느님!' 하는 단순기도를 끊임없이 바치면서 성경을 읽게 되면 복음 말씀에 스스로를 비출 수 있어 어떤 원칙들이 우리를 지배하고 이끌고 있는지 알게 되고, 이러한 원칙에서 벗어나 예수님께 나아갈 수 있다.

✢ 개인 성향을 극복하는 기도

그 율법 교사는 자기가 정당함을 드러내고 싶어서 예수님께, "그러면 누가 저의 이웃입니까?" 하고 물었다. 예수님께서 응답하셨다. "어떤 사람이 예루살렘에서 예리코로 내려가다가 강도들을 만났다. 강도들은 그의 옷을 벗기고 그를 때려 초주검으로 만들어 놓고 가 버렸다. 마침 어떤 사제가 그 길로 내려가다가 그를 보고서는, 길 반대쪽으로 지나가 버렸다. 레위인도 마찬가지로 그곳에 이르러 그를 보고서는, 길 반대쪽으로 지나가 버렸다. 그런데 여행을 하던 어떤 사마리아인은 그가 있는 곳에 이르러 그를 보고서는, 가엾은 마음이 들었다. 그래서 그에게 다가가 상처에 기름과 포도주를 붓고 싸맨 다음, 자기 노새에 태워 여관으로 데리고 가서 돌보아 주었다. 이튿날 그는 두 데나리온을 꺼내 여관 주인에게 주면서, '저 사람을 돌보아 주십시오. 비용이 더 들면 제가 돌아올 때에 갚아 드리겠습니다.' 하고 말하였다.(루카 10, 29-35)

모든 사람의 내면에는 자신의 행동을 이끄는 독재자(비판자)가 있다. 우리 안에서 우리를 지배하는 독재자는 자신의 본능적인 기질일 수도 있고, 개개인의 성향이나 성격일 수도 있다. 이 독재자가 권하는 행동은 각 사람마다 다르다. 즉 각자의 의지나 양심에 따라 주변 상황이나 사람, 사건을 대하는 방식이 다르게 나타난다는 뜻이다. 이러한 성향은 부모로부터 받은 것일 수도 있고, 어린 시절의 환경에 영향 받아 만들어진 것일 수도 있다. 때로는 내면의 독재자가 양심이라는 탈을 쓰고 우리의 행동을 주관하기도 한다.

중요한 것은 이 독재자를 따르는 것이 예수님의 가르침에 따라 사는 데 장애가 된다는 것이다. 예를 들어, 자신은 항상 옳다는 생각에 사로잡혀 '자기 옳음'에 갇힌 사람은 타인의 옳음을 인정하지 못하고, 하느님의 진리도 받아들이기를 꺼리게 된다. 이런 독재자를 가진 사람은 하느님을 기준 삼아 자신이 옳은지 그른지 분별하고, 잘못이 있다면 그것을 인정할 줄 아는 용기를 가져야 한다.

착한 사마리아인의 비유 속에서 사제와 레위인(제사장 아래에서 종교적 업무에 종사하는 사람)은 강도에게 가진 것을 다 빼앗기고 깊은 상처까지 입은 사람을 보고도 외면하며 길 반대쪽으로 지나가버렸다. 이 경우 사제와 레위인 내면의 독재자가 '지금 당장 해야 할 일이 더 중요하니 강도 만난 사람을 돌볼 시간이 없다.'고 유혹했다고 할 수 있다. 또한 이 상처

받은 이를 돌보게 되면 시간과 돈이 들 뿐 아니라 계속 돌보아주어야 할지 모른다는 계산도 했을 것이다. 레위인과 사제의 첫째 의무는 사람을 돌보아 하느님께로 이끌어가는 것이다. 그럼에도 그들 내면의 독재자는 그 의무를 실천하지 못하게 하고, 세상의 삶에서 주어진 원칙을 더 중시하고 따르도록 종용했을 것이다.

예수님의 가르침은 사랑이다. 외적인 모든 면에서 아무 흠 없이 살며 이웃으로부터 칭찬을 받는 신앙생활을 훌륭하게 해내고 있다 해도, 예수님께 늘 기도드리며 예수님의 마음으로 살고 있지 못하다면 영적으로 매우 메말라 있을 것이며 기쁨도 없을 것이다. 예수님의 마음이 되어야 이웃도 내 몸 같이 사랑하게 된다.

내면의 독재자가 내세우는 원칙은 우리를 무덤까지 끌고 간다. 이렇게 순간순간 자신의 마음을 통제하는 독재자를 물리치는 방법은 기도를 드리는 것이다. 내부의 독재자가 이렇게 해라, 저렇게 해라 잔소리를 할 때마다 '예수님, 사랑합니다!' 혹은 '저의 주님, 저의 하느님!'이라는 단순기도를 드려

내면의 소리들을 물리쳐야 한다. 끊임없이 기도하라, 항상 기도하라, 성령이 오실 때까지 기도하라 하신 예수님의 말씀을 지금 현재 실천에 옮겨야 한다. 이렇게 기도를 통해 내면의 독재자를 물리치는 삶을 살아야 성령이 우리 안에 오셔서 활동하실 수 있고, 우리는 하느님의 사랑을 실천할 수 있다.

> 그러나 마르타는 갖가지 시중드는 일로 분주하였다. 그래서 예수님께 다가가, "주님, 제 동생이 저 혼자 시중들게 내버려 두는데도 보고만 계십니까? 저를 도우라고 동생에게 일러 주십시오." 하고 말하였다. 주님께서 마르타에게 대답하셨다. "마르타야, 마르타야! 너는 많은 일을 염려하고 걱정하는구나. 그러나 필요한 것은 한 가지뿐이다. 마리아는 좋은 몫을 선택하였다. 그리고 그것을 빼앗기지 않을 것이다."(루카 10, 40-42)

사람을 이끌어가는 내면의 독재자는 사람에 따라 다를 수 있다. 사제나 레위인의 독재자는 당장 해야 할 일에 더 큰

비중을 두고 타인의 요구에 응답하지 못하게 했다. 한편 마르타의 경우에서와 같이 예수님께 시중드는 일이나 다른 사람의 아픔을 도와주는 일로 늘 분주하게 만드는 독재자도 있다.

마르타와 같은 분들은 구세주 콤플렉스에 걸려 있는 경우가 많고, 다른 사람들을 돌보지 않으면 안 된다는 강박증을 갖고 있기도 한다. 이 경우 내면의 독재자는 이웃을 돌보는 것을 통해 대가를 받기 원하도록 만들기도 한다. 즉 칭찬이나 인정, 또는 대가를 바라는 마음을 불러일으키는 것이다. 그렇기 때문에 자신이 원하는 인정이나 위로를 받지 못하게 되면 화를 낸다. 다시는 사랑하지 않겠다고 결심을 한다.

이런 독재자의 소리에 이끌려 행동하는 분들에게 예수님께서는 마르타에게 그랬듯이 아주 부드럽고 사랑스럽게 알려주신다. 마리아가 좋은 몫을 택한 거라고. 마리아가 택한 것은 예수님의 말씀에 귀 기울이고 하느님을 만나는 기도 시간을 먼저 갖는 것이다. 사실 중요한 것은 한 가지이다. 우리 마음이 예수님 마음과 같아지는 것. 그러므로 밖으로 향하는 마음을 내면으로 되돌려 예수님을 만나려는 기도를 계속해야 한다.

마더 데레사가 그렇게 많은 분들을 사랑하고 극진히 돌보면서도 지치지 않으셨던 것은 먼저 기도를 통해 자신 안에 계신 하느님께서 활동하시도록 자신을 온전히 맡겼기 때문이다. 우리도 먼저 깊은 기도를 통해 하느님을 만나는 여정을 가야 한다.

하늘나라는 밭에 숨겨진 보물과 같다. 그 보물을 발견한 사람은 그것을 다시 숨겨 두고서는 기뻐하며 돌아가서 가진 것을 다 팔아 그 밭을 산다. 또 하늘나라는 좋은 진주를 찾는 상인과 같다. 그는 값진 진주를 하나 발견하자, 가서 가진 것을 모두 처분하여 그것을 샀다.(마태 13, 44-46)

하늘나라는 밭에 숨겨진 보물과 같으며, 그 보물을 발견한 사람은 그 밭을 다 산다고 하였다. 하늘나라의 보물을 발견한 우리는 그동안 자신을 지배하고 주관해온 독재자를 팔아야 한다. 마음 밭 안에 하느님 나라의 보물이 묻혀 있는데, 그 마음 밭을 주관해온 독재자가 하느님께 가지 못하도록 우리를 막고 있기 때문이다. 우리는 독재자의 목소리만 듣고 살아왔다. 이제 그 독재자를 팔아야 한다. 독재자를 파는 데에는 시간이 가장 중요하다. 매 순간 놓치지 않고 예수마음 기도를 드리면서 우리 내면의 독재자를 다 팔아야 하느님 나라의 보물을 차지할 수 있다. 그 순간 순간이 모여서 지금 여기까지 나를 데려다놓은 것이다. 매 순간을 하느님께 바치는 기도를 드리면 시간이 우리를 하느님께로 인도할 것이다.

세상을 향하던 마음을
하느님께로

제 3 여정은 기도를 통해 하느님의 자녀가 되는 영적 체험을 하는 시기이다. 이는 멀리 하늘에 계신 하느님이 아니라 우리 내면에 이미 현존해 계시는 하느님을 향하는 기도를 통해 이루어진다.

우리 안에서 일어나고 있는 여러 갈망들을 하느님께 구체적으로 말씀드리는 과정을 거치면서 세상적인 것과 인간적인 원의들이 정화된다. 그리고 하느님을 향한 순수한 마음이 자리하게 된다. 이러한 기도를 통해 우리는 영적으로 새롭게 태어나는 것이다. 이런 체험을 할 때 우리는 하느님의 자녀라는 자존감을 회복하고 영적으로 살아가는 데서 오는 기쁨을 누릴 수 있다.

✣ 이상이 실현되지 않을 때

어린아이는 부모에게 의존하여 성장한다. 그러나 사춘기를 지나면서부터는 부모에게 의존하지 않고 자기 삶을 추구하려 애쓴다. 이 시기에 대부분의 청소년들은 이상적이고 거룩한 삶을 추구하며 의미 있고 보람된 삶을 살고자 많은 노력을 기울인다.

하지만 이러한 이상이 자신의 뜻대로 실현되지 않으면 크게 좌절하고 실망한다. 이렇게 좌절과 낙담의 상황에 빠졌을 때 청소년들은 자신의 아픔들을 가지고 하느님께 솔직하게 기도를 드려야 한다.

| 유다의 이상 |

그런데 마리아가 비싼 순 나르드 향유 한 리트라를 가져와서, 예수님의 발에 붓고 자기 머리카락으로 그 발을 닦아 드렸다. 그러자 온 집 안에 향유 냄새가 가득하였다. 제자들 가운데 하나로서 나중에 예수님을 팔아넘길 유다 이스카리옷이 말하였다. "어찌하여 저 향유를 삼백 데나리온에 팔아 가난한 이들에게 나누어 주지 않는가?" 그가 이렇게 말한 것은, 가난한 이들에게 관심이 있어서가 아니라 도둑이었기 때문이다. 그는 돈주머니를 맡고 있으면서 거기에 든 돈을 가로채곤 하였다. 예수님께서 이르셨다. "이 여자를 그냥 놔두어라. 그리하여 내 장례 날을 위하여 이 기름을 간직하게 하여라. 사실 가난한 이들은 늘 너희 곁에 있지만, 나는 늘 너희 곁에 있지는 않을 것이다."(요한 12, 3-8)

예수님의 열두 제자 중 한 명인 유다는 예수님의 영적 가르침을 잘 알아듣지 못한 제자이다. 마리아가 삼백 데나리온짜리 향유를 예수님의 발에 부을 때, 큰 이상을 품었던 유다는 '이것을 팔았더라면 많은 가난한 사람을 구할 수 있었을 텐데……' 하면서 투덜거린다. 하지만 사실 예수님은 가난을 없애기 위해 이 세상에 오신 것이 아니다. 예수님은 우리 한 사람 한 사람이 하느님의 자녀로 태어나 영적인 삶을 살게 하기 위해 오셨다. 그런데 유다는 가난한 사람을 도와야 한다는 자신의 이상 때문에 예수님의 가르침을 잘못 알아들었던 것이다.

자신이 원하는 이상이 깨어지면 우리도 유다처럼 깊은 절망과 좌절을 느낄 수 있다. 이럴 때에 유다처럼 자신이 저지른 죄 때문에 실망해서 자살하는 상황이 되지 않도록 유의해야 한다. 자신의 이상이 깨진 데 대한 아픔을 하느님께 온 마음을 다해 있는 그대로 말씀드리는 기도를 해야 한다. '저는 제가 잘하고 있다고 생각하며 행동했습니다. 그런데 엄청난 결과를 가져오게 되어 너무 힘듭니다.' 하는 기도를 계속한다.

이렇게 기도하다 보면 내가 추구하던 것은 예수님께서 우리에게 주시고자 했던 영원한 생명의 길과는 다르다는 것을 깨닫게 된다. 좋으신 하느님께서는 이렇게 간절하게 기도드리는 우리에게 다시 일어나 새로운 영적 삶을 살도록 힘을 주신다.

∵ 꿈이 깨어졌을 때

세상을 살다 보면 꿈이 좌절되는 아픔을 겪게 된다. 그럴 때는 어떻게 해야 할까? 가령 사제나 수도자의 길을 준비하고 있었는데 꿈을 이룰 수 없게 된다면 어떻게 해야 할까? 이럴 때야말로 골방에 들어가 좌절로 인해 느끼는 아픈 마음에 대해 하느님께 있는 그대로 표현하며 기도드릴 때이다. '하느님, 왜 어린 시절부터 사제나 수도자가 되고픈 꿈을 키워주셨나요? 왜 이제는 그 꿈을 거두어가시는 건가요? 억울합니다.' 하며 힘든 마음을 계속 하느님께 바쳐야 한다.

그러다 보면 자신도 모르는 사이에 사제나 수도자가 되는 것도 좋지만 평신도로 사는 것도 좋겠다는 마음이 생긴다.

즉 그 어느 쪽으로도 편중되지 않는 마음을 갖게 된다는 뜻이다. 이런 마음의 상태가 될 때 자신의 이상 대신 하느님의 뜻을 따르는 영적인 삶을 살게 되며 자신이 추구하던 것에 대한 집착을 내려 놓는 은총을 받게 된다. 이때 비로소 하느님이 주시는 평화와 기쁨이 찾아들면서, 그토록 갈망하며 붙잡고 있던 꿈으로부터 자유로워지는 것이다. 그러나 자신이 추구하던 이상적인 삶이나 원하지 않았던 삶, 어느 쪽에도 쏠리지 않는 마음이 될 때까지는 많은 기도 시간이 필요하다.

오랫동안 사귀어온 결혼 상대자가 파혼을 선언했을 때, 또는 간절히 합격을 원하던 시험을 통과하지 못했을 때, 혹은 갑작스런 재해로 이루어가던 것을 다 잃었을 때에도 위와 같은 기도가 필요하다. 이러한 기도를 성령께서 우리 마음에 오실 때까지 드린다. 그러기까지 대개는 몇 개월 동안 자신의 힘든 상황에 대해 하느님께 말씀드리는 기도를 계속해야 한다. 시간이 지나야만 하느님과의 만남이 이루어지기 때문이다.

이렇게 해서 하느님을 체험하게 되면 자신이 지녀왔던 모든 희망과 이상이 세상에 대한 애착이었음을 깨달으며 내려 놓게 된다. 그러면서 하느님이 주시는 위로와 함께, 하느님의 영적인 자녀로서 느끼는 기쁨과 평화를 얻게 된다. 하느님의 자녀가 되는 마음은 예수님을 닮은 겸손하고 온유하고 평화롭고 사랑이 넘치는 마음이다.

본능적인 삶에서
영적 생활로

그러므로 너희는 '무엇을 먹을까?', '무엇을 마실까?', '무엇을 차려입을까?' 하며 걱정하지 마라. 이런 것들은 모두 다른 민족들이 애써 찾는 것이다. 하늘의 너희 아버지께서는 이 모든 것이 너희에게 필요함을 아신다. 너희는 먼저 하느님의 나라와 그분의 의로움을 찾아라. 그러면 이 모든 것도 곁들여 받게 될 것이다. 그러므로 내일을 걱정하지 마라. 내일 걱정은 내일이 할 것이다. 그날 고생은 그날로 충분하다. (마태 6, 31-34)

예수님은 세상에 오셔서 하느님 나라를 선포하셨다. 하느님 나라에서 하느님의 자녀로 행복하고 영원한 삶을 살 수 있으리라 하시며, 하느님 나라에 들어가는 법을 알려주셨다. 그러므로 우리는 현세에 대한 집착들과 강한 욕구들을 기도를 통해 극복하고, 하느님의 은총으로 살아갈 수 있도록 하느님께 다가가야 한다. 예수님께서도 우리에게 무엇을 먹을까, 무엇을 입을까 걱정하지 말라고 하셨다. 어떻게 세상을 살면서 생기는 온갖 욕심들을 물리치고 하느님께 나아갈 수 있는지는 기도를 통해 직접 체험할 수 있다.

중년을 넘어서면 여러 본능적인 욕구들이 더 많이 솟구친다. 성욕, 권력에 대한 욕망, 건강에 대한 염려, 재물에 대한 욕심들이 마음을 사로잡는다. 이 세상에서 영원히 살 것처럼 그 모든 욕구들을 다 채우려고 온 힘을 기울인다. 때로는 과도하게 욕심을 부리다가 자신뿐 아니라 타인에게까지 상처를 주거나 죄를 짓기도 한다. 그러므로 우리는 세상의 삶에 대한 욕망의 노예로 살지 말고, 죽어서도 영원히 하느님과 함께 살 하느님 나라에 지금 현재기도를 통해 들어가야 한다.

✥ 성적 욕구를 다스리는 기도

하느님이 인간에게 주신 성(性)은 참으로 위대하고 경탄할 만한 은총이다. 남녀가 결혼해서 상대방을 존중하고 사랑하는 가운데 이루어지는 부부 관계는 하느님의 사랑을 체험하는 것과 같다고 한다. 그리고 우리는 이렇게 귀하게 받은 성 에너지를 통해 자녀를 낳고 기르는 하느님 사랑의 창조 사업에 초대받는다. 그러나 이렇게 귀한 성을 무분별하게 다루면 이성을 잃고 가족과 이웃에게 깊은 상처를 주며 본인도 상대방도 아픔을 겪게 된다.

다루기 힘든 성적 욕구로 인해 어려움을 느낀다면 자책하거나 무분별하게 행동하지 말고 기도로 물리치도록 한다. '예수님, 사랑합니다!' 또는 '저의 주님, 저의 하느님!' 하는 단순기도로 그러한 감정들을 떠나보내는 것도 하나의 방법이다.

성욕에 사로잡힐 때에는 감정이 아닌 지성을 통해 처한 상황을 살펴보고, 마음으로 정리하는 기도의 여정을 갈 필요가 있다. 부적절한 상대에게 심하게 성적으로 끌리는 유혹을 받을 때는 이 모든 상황을 놓고 마음의 움직임들을 알아보는 기도의 시간을 반드시 가져야 한다. 실제로 그 상대와 결혼하여 책임지며 함께 산다면 나는 어떤 상황에 놓일까 상상하면서 기도하는 것도 한 가지 방법이다. 이렇게 자신의 마음을 알아보는 기도를 드리다 보면 그것이 진정 자신이 원하는 삶이 아니라는 것을 깨달을 수 있다.

  기도하다 보면 인간적으로 강하게 끌리는 성적인 상대가 떠오를 때도 있고, 상대가 없는데도 성욕이 솟구쳐 힘들 때도 있다. 건강한 사람이라면 누구나 자연스럽게 갖고 있는 것이 성욕이다. 이러한 충동이 일어나지 못하게 무작정 억압하는 것은 그리 바람직하지 않다. 이런 성욕을 가지고 기도하는 법을 배워야 한다. 기도 시간에 성적 충동이 일어난다면 이런 감정을 극복하기 위해 걷는 기도를 권한다.

  밤에 성적 충동이 강하게 일어날 경우에는 다음 날 저녁 한 끼를 먹지 않는 것도 방법이다. 저녁 한 끼를 거르는 것으로 해결되지 않으면 여러 날 금식을 하도록 한다. 예수님께서는 힘을 다하여 하느님을 섬기라고 하셨다. 육체에서 오는 욕구들을 잘 다스려야 하느님께서 주시는 영적인 삶을 잘 살아 나갈 수 있다.

✣ 권력욕을 물리치는 기도

우리는 본능적으로 하느님보다 명예나 권력을 향해 더 많은 노력을 기울이며 살아간다. 특히 중년 이후에는 그러한 본능이 더 강해진다. 직장이나 몸담고 있는 단체에서 원하는 직위에 오르지 못한다거나 다른 사람들로부터 인정받지 못하게 되면, 커다란 실망과 좌절을 느끼고 우울증에 빠지거나 삶의 의욕을 잃기도 한다. 이때 하느님께 모든 것을 그대로 다 말씀드리는 기도를 바치면, 세상이 주는 명예와 권력을 통해서는 맛볼 수 없는 평화와 기쁨을 하느님께서 주신다.

예를 들어 교회에서 아주 훌륭하게 일을 해냈는데 아무도 인정해주지 않을 때 상처를 받는 경우가 있다. 이럴 때에는 아픔이 사라질 때까지 예수님께 끊임없이 말씀드리는 기도의 시간을 갖는다. 그러다 보면 네가 자선을 베풀 때에는 오른손이 하는 일을 왼손이 모르게 하여라.(마태 6,3) 하신 성경 말씀이 새롭게 다가온다. 그러고 나면 사람들의 인정을 필요로 하지 않는 마음으로 봉사하게 된다. 이렇게 기도를 통해 우리 마음이 예수님 마음으로 변화되는 삶을 살아가는 은총을 받는다.

✣ 우울한 감정에서 벗어나는 기도

중년을 거치면서 많은 분들이 우울증에 빠진다. 그동안 있는 힘을 다해 살아왔는데 얻은 결과가 아무것도 없다는 공허함과 허탈감을 느끼기 때문이다. 마음이 텅 빈 것 같다는 생각에 아무도 알아주지 않는 아픔을 겪는다. 아이들도 잘 성장시켰고 직장 생활도 충실히 해왔는데 무엇 때문에 이렇게 우울한 것일까? 원인에는 두 가지가 있을 수 있다.

하나는 이루지 못한 욕구나 치유되지 않은 상처에서 오는 경우이다. 이런 경우에 '저의 주님, 저의 하느님!'이나 '예수님, 사랑합니다!'라는 단순기도를 지속적으로 바치면 자신 안에 잠재되어 있는 원인과 직면할 수 있다. 그런 다음 앞서 말한 대로 내면의 아픔과 어두움을 하느님께 있는 그대로 호소하는 기도를 드리면 된다.

또 다른 원인은 하느님께서 우리에게 올바른 삶의 의미를 찾으라고 신호를 건네시는 경우이다. 교리 문답에서 가르쳐 주고 있듯 우리가 이 세상에 태어난 이유는 하느님을 알아 공경하고 자기 영혼을 구하기 위해서이다. 우리는 영원히 하느님과 함께 사는 영적인 존재이기 때문에 하느님을 만나지 않고서는 이 문제를 풀 수 없다. 때문에 끊임없이 찾고 두드려서 영원한 생명을 주시는 하느님을 만나야 한다.

✣ 물욕을 내려놓는 기도

아무도 두 주인을 섬길 수 없다. 한쪽은 미워하고 다른 쪽
은 사랑하며, 한쪽은 떠받들고 다른 쪽은 업신여기게 된다.
너희는 하느님과 재물을 함께 섬길 수 없다.(마태 6, 24)

많은 사람들이 중시하며 추구하는 것이 재물이다. 사실 재
물은 세상 것이다. 우리는 죽을 때 이 세상에서 소유했던 모
든 것을 두고 간다. 그럼에도 사람들은 재물에 대한 애착을
쉽게 버리지 못한다. 재물에 대한 애착을 갖고 있는 사람은
이웃의 필요에 응답하지 못한다. 또한 성경 속 부자와 나자
로의 예에서 볼 수 있듯이 현세의 흡족함에 머무르면 영원한
생명에 이르는 길에서 멀어지게 된다.

예수님께서 초대하시는 삶은 하느님이 주시는 보물을 차
지하는 영적인 삶이다. 사람이 물질적인 것들에 대한 걱정에
마음을 빼앗기게 되면 하느님이 주시는 영적 삶으로의 초대
를 놓치고 살아가게 된다.

때로는 많은 재물을 잃고 상당히 큰 마음의 아픔을 겪고 있는 사람을 보게 된다. 이런 경우 그 아픔을 가지고 어린아이처럼 하느님께 기도드려야 한다. 마음에 평온함이 찾아올 때까지 기도를 드리면 목숨처럼 여기던 재물에 대한 애착으로부터 자유로워지면서 하느님 나라에 들어가는 마음의 보화를 얻게 된다.

∴ 건강을 잃었을 때 하는 기도

사람은 언제든 건강을 잃을 수 있다. 특히 중년 이후에는 큰 질병들을 얻게 되는 경우가 많다. 또한 이때는 건강하게 살고 싶다는 욕구도 강해지는 시기다. 가족을 돌보아야 한다는 책임감을 강하게 느끼는 시기이다 보니, 이때에 중병을 얻게 되면 마치 세상이 끝난 것 같은 절망에 빠지기 쉽다. 때문에 어떻게든 건강을 회복하려고 집착하며 건강을 하느님처럼 모시고 살아가는 사람들이 많다.

자신에게 적절한 치료와 함께, 무엇보다 필요한 것은 절망스러운 질병으로 인한 아픔을 하느님께 울부짖는 기도를 드리는 것이다. '저의 주님, 저의 하느님!'이나 '예수님, 사랑합니다!' 하는 기도문으로 지속적인 기도를 바치다가, 건강에 대한 두려움이나 근심 걱정이 떠오를 때 바치던 단순기도문은 일단 멈추고 건강에 대한 아픔과 그로 인한 염려들에 대해 하느님께 있는 그대로 말씀드리는 기도를 드린다. 그저 어린아이처럼 '이 아픔을 견딜 수가 없어요. 우리 식구들은 어떻게 해요?' 하면서 자신의 아픔을 있는 그대로 아뢰는 기도를 드리는 것이다. 단, '하느님, 제 병을 낫게 해주세요. 낫게만 해주시면 하느님을 위해 무엇이든지 하겠습니다.'와 같이 자신이 원하는 것을 청하는 기도는 도움이 되지 않는다. 그와 같은 기도는 내 뜻을 들어 달라는 기도이다. 자신의 뜻을 내려놓고 하느님의 뜻을 따라가는 기도를 해야 한다. 하느님께서 나의 병을 고쳐주시든 아니든 괜찮다는 마음이 찾아들 때까지 기도를 바치는 것이다.

사랑받는 자녀

제 3 여정에서 숨겨진 것은 드러나고 감추어진 것은 알려져 훤히 나타나기 마련이다.(루카 8, 17)라는 말씀을 접했을 때, 저는 '내 안에 감추어진 어두움들이 내 의식 위로 낱낱이 드러났으면 좋겠다'는 간절한 마음이 들었습니다.

늘 성경의 말씀들을 마음에 새기며 그 말씀대로 살고 싶어 했지만, 언제나 마음과는 달리 행동하게 되는 제 모습이 떠올랐습니다. 몇 해 전에는 위로받아야 할 상황에 처한 한 자매 앞에서 어처구니없이 웃음을 터뜨려 큰 상처를 주었던 일이 있었습니다. 제 이성과 의지를 뚫고 총알처럼 튀어나온 웃음이었습니다. 때문에 저 또한 몹시 당황해 거듭 사과를 했습니다. 하지만 그 일을 떠올려보니 그때 했던 저의 사과는 제 잘못을 무마하려는 시도에 불과했다는 것을 깨닫게 되었습니다. 사실은 평소 능력 있고 장점 많은 그 자매에게 열등감을 느끼고 있었기 때문에 그 자매가 힘든 상황에 처하자 두려움과 불안이 사라지면서 기쁜 속마음이 튀어나온 것이었습니다.

그 깨달음은 또한 제가 견디기 어려운 사람이나 제게 위협이 될 듯 여겨지는 불편한 사람들을 대할 때면 '저 사람이 내 앞에서 사라졌으면 좋겠다.'는 생각을 아무렇지도 않게 해왔다는 사실도 일깨워주었습니다. 문득 '아, 나는 참 잔인하고 폭력적인 사람이구나! 헤로데와 다를 것이 없네.' 하는 생각이 들었습니다. 신약성경에 나오는 인물 중 제가 가장 싫어하는 사람, 절대 용납할 수 없는 사람, 아기들을 학살한 헤로데가 바로 제 안에 있었다니 놀라지 않을 수 없었습니다. 그 사실을 알게 되자 제가 왜 그동안 기뻐하는 이들과 함께 진심으로 기뻐해주지 못하고, 우는 이들과 함께 진정으로 울어줄 수 없었는지, 왜 그토록 하느님의 말씀을 따라 살고자 하면서도 그러지 못했는지 알게 되었습니다.

제 마음은 제가 위협받거나 불편한 상황에 처하면 다른 사람이야 어떻게 되든 아랑곳 않는 돌 같은 마음이었고, 다른 사람과 저 자신을 경계하며 찔러대는 가시덤불 같은 마음이었다는 것을 알게 되었습니다. 마음 밭이 그랬기 때문에 말씀의 씨앗이 떨어져도 피워내지 못했던 것이었습니다. 그러면서 많은 순간 저에게 순수하게 다가온 사랑과 긍정 앞에서 '내가 얼마나 부족한지, 얼마나 이기적이고 형편없는지, 심지어 악하기까지 하다는 걸 당신들이 알면 그렇게 하지 못할 걸.' 하는 태도로 대했던 저 자신을 보게 되었습니다. 죄 많은 여인을 대하시는 예수님에게 바리사이들이 했던 말을 저 자신에게 해왔던 것입니다.

하지만 언제부턴가 저의 존재가 하느님 말씀대로 참되고 거룩하고 완전해지는 것이 사는 목적이 되었습니다. 점점 제 자신을 다그치고 질책해가며 완전해지고자 했습니다. 왜 그토록 사람들 보기에, 또 하느님 보시기에 완전해지려 했을까요? 그것은 제 자신이 그만큼 잘 갖춰지고 준비가 되면 제가 좋아하는 사람들뿐 아니라 하느님 앞에도 만족스럽게 제 모습을 내놓을 수 있을 것 같다는 생각 때문이었습니다.

이 여정 안에서 제 어두운 고백들을 쏟아내다 보니, 문득 갓난아기가 변을 보지 못하면 엄마가 크게 걱정한다는 말이 기억났습니다. 지금까지 제 곁을 지키시다 이제야 쏟아내는 제 영혼의 오물을 받아내고 계시는 하느님의 모습이 그려져 그 앞에서 하염없이 눈물을 쏟아냈습니다. 하느님께서는 '네가 이제 이러한 것들을 게워냈으니 살겠구나, 이제 네가 살겠구나.' 하시며 연거푸 제 등을 쓸어내리고 토닥이셨습니다. 하느님의 손바닥 온기가 제 등에 따스하게 퍼지면서, '잘했다. 잘했다. 이제 네가 살겠구나. 살겠구나.' 하시는 음성이 들려왔습니다. 따뜻하고 너른 품을 지닌 엄마 하느님과의 만남이었습니다.

다음 날 미사 시간에 세리를 비롯한 죄인들과 식사하러 오신 예수님의 모습이 복음 말씀과 함께 마음에 펼쳐졌습니다. 예전에는 한 번도 진심으로 공감하지 못했는데, 그들과 함께 하시는 예수님의 마음이 어땠을까 알아차리자 마음 깊은 데서부터 눈물이 쏟아졌습니다. 그리고 영성체를 하는 순간 예수님의 커다란 몸집이 제 안에 쑥 들어오셨습니다. 놀라긴 했지만 그 순간 '아! 그동안 실제로 내게 이렇게 와주고 계셨던 거구나! 부족하고 이기적이고 죄 많은 내게, 형편 없이 못난 데다 돌투성이 마음 밭을 가진 내게도 이렇게 와주셨구나!' 하고 알게 되었습니다.

회심의 기도

제 3 여정을 시작했습니다. 그러나 시간이 가도 마음의 기도가 되지 않고 머리로 기도문을 되뇔 뿐이라는 느낌이 들었습니다. 그런데도 어떻게 해야 하는지 도무지 알 수 없어 답답하기만 했습니다. 너무 추상적이라는 생각이 들었습니다. 나흘 동안 그러한 여정을 가고 나니 '도대체 이 진리를 왜 찾아야 하는 거지?' 하는 의문이 떠올랐습니다. 내 안에 그 '진리'를 찾으려는 절박함이 전혀 없었던 것입니다.

면담 때 이 말씀을 드렸더니, 영적 지도자께서 갑자기 정색을 하시며 '수녀님은 수도 생활을 왜 하세요?' 하고 물어오셨습니다. 딱히 떠오르는 대답이 없어 대충 얼버무리니 '하느님을 전해야 하는데, 그러려면 먼저 하느님을 만나야 할 것 아니에요?' 하시더군요. 그래서 절박함이 느껴지지 않는다 했더니, '배가 불렀구먼.' 하시고는 당장 그날부터 저녁을 굶으라는 단식 명령을 내리셨습니다.

면담 후 성체조배 시간이 되어 성체 앞에 앉자 '수도 생활을 왜 하세요?' 하던 물음이 떠올랐습니다. 답을 찾으려 했지만 여전히 내가 수도 생활을 하는 이유를 알 수 없었습니다. 머릿속이 하얘지며 당황하는 순간, 지난 10년 동안의 수도원 생활이 섬광처럼 스쳐 지나갔습니다. 그때의 제 느낌은 한마디로 '끔찍하다'였습니다.

저는 자고 싶으면 자고, 먹고 싶은 것 찾아서 먹고, 보고 싶은 텔레비전 프로 다 보고, 인터넷에서 쓸데없는 거나 뒤져보며 시간을 보냈습니다. 꼭 지켜야 하는 시간 외에는 더 기도하려 하지 않았고, 그러면서도 크게 부딪히지 않는 공동생활 속에서 사도직이나 자매들과의 관계 형성도 잘하고 있다고 자신했습니다. 가끔씩 수녀님들이 해주시는 칭찬과 인정의 말들을 들으며 성장하고 있다고 자만했습니다. 그러면서 종신 서원을 청할 만반의 준비가 끝났다고 생각하고 있었는데, 사실은 아무것도 준비되지 않았던 것입니다.

또한 그동안 왜 그처럼 자주 무기력해지고 잠이 쏟아지며 감정 조절이 힘들었는지도 알 수 있었습니다. 내 안에 하느님이 계시지 않았던 것입니다. 이로써 '진리'를 찾아야 할 이유가 분명해졌고, 또 그 일이 절박하게 느껴졌습니다. 갑자기 '진리가 무엇입니까?'라는 물음이 머리에서 마음으로 뚝! 떨어지는 것 같았습니다. 다음 날도 회개의 여정을 계속 가며 죄송한 마음에 눈물이 흘렀으나 마음으로 온 힘을 다해 '진리'를 찾는 여정을 따라갔습니다.

그날 고해성사를 드리며 진심으로 눈물을 많이 흘렸습니다. 방에 돌아와서도 눈물이 멈추지 않았습니다. 침대에 앉아 엉엉 울다가 고개를 드니 맞은편 벽에 걸린 십자가상이 눈에 들어오며 신부님이 말씀하신 '이 수도자의 죄를 사하나이다.'라는 말씀이 떠올랐습니다. 너무 기가 막히고 죄송하고 감사해 눈물이 폭포처럼 쏟아졌습니다. '제가 그동안 어떻게 살았는지 다 보셨으면서 어떻게 저를 용서하실 수가 있습니까? 어떻게 저를 봐주고 계실 수 있었나요? 도대체 거기에는 왜 달려 계신 겁니까?' 그동안 엉망으로 살면서 제가 예수님을 십자가에 못 박고 있었음을, 제가 예수님을 죽음의 길로 몰아갔음을 깨닫고는 후회와 죄스러움의 눈물을 끊임없이 흘렸습니다. 그때 마음 안에서 들려오는 소리가 있었습니다. 아버지, 저들은 자기들이 무엇을 하는지 모르고 있습니다.'라는 성경 구절과 '너도 모르고 한 거잖아.'라는 예수님의 말씀이 들려왔습니다. '아무리 모르고 했어도 어떻게……?'

그렇게 한 시간쯤 눈물을 흘리고 나니 정신 차리고 기도해야겠다는 생각이 들었습니다. 그래서 경당에 앉아 있으니 얼마 지나지 않아 마음 안에서 '내가 예수님을 모르네.'라는 생각이 떠올랐습니다. 지난 10년 동안 예수님을 따라간다며 살아왔고, 사람들 앞에서 예수님에 대해 얼마나 많이 아는 체해왔는데, 내가 예수님을 모르고 있었다니…….

'나는 진리다.' 하셨으니 이 진리를 찾아야 했습니다. 이제는 그 이유와 절박함이 이전과는 비교도 할 수 없을 만큼 크게 다가왔습니다. 이 진리를 찾지 못하면 나는 어떻게 살 것인가? 이때부터 온 마음과 정신과 힘을 다해 '진리'를 찾는 여정이 본격적으로 시작되었습니다. 정말 '초집중'하며 기도에 몰입해갔습니다. 길을 걸어도 주변의 아름다움이 전혀 눈에 들어오지 않았고, 분심이 와도 놀아줄 시간이 없었습니다. 그렇게 기도하는 가운데 성경 속 제자들의 회심 부분이 떠오를 땐 그들의 감정이 그대로 전해져서 눈물을 흘리기도 하고, 성 프란치스코가 '주님, 당신은 누구시며 저는 누구입니까?'란 기도를 어떠한 마음으로 하셨을지 생생히 느끼기도 했습니다.

제자들의 삶과 지난 며칠간의 제 내적 여정이 중첩되면서, 성경의 모든 말씀이 말 그대로 '진실'이라는 것을 마음 속 깊이 깨달아 알게 되는 은총도 받았습니다. 다음 날은 휴식의 날이었으나, 왠지 기도의 끈을 놓으면 안 될 것 같아 개인 기도를 하기로 마음 먹고 1분 1초도 남김없이 묻고 또 묻는 기도를 드렸습니다. 하루 종일 기도에 몰두하다가 성체조배 시간이 되어 성체 앞에 앉았는데 '사람의 아들은 반드시 죽어야 하고, 사흘 안에 다시 살아날 것이다.'라는 말씀이 떠올랐습니다. 그러면서 '살아계신 예수님'과 '현존'이라는 말씀이 계속 마음에 머물러 있음을 느낄 수 있었습니다. 그 의미가 무엇일까 찾고 있는데 불현듯 '너는 그토록 오랫동안 나와 함께 있었는데도 나를 모른다는 말이냐? 나를 보았으면 아버지를 본 것이다.'라는 말씀이 떠올랐습니다. 이때 함께 계시는 예수님을 생각하자 성체가 진짜로 살아계신 예수님임을 알아보는 은총을 받았습니다. 절대로 돌아가시지 않는, 영원히 살아 계시는 예수님이었습니다. 더불어 사제직의 영원함, 미사성제를 통해 이루어지는 모든 것, 교회의 모든 가르침과 성사 집행이 '진실'임을 깨닫는 은총 또한 누릴 수 있었습니다.

아무것도 아닌 나 같은 사람에게 베풀어주신 너무나 크신 신비의 은총에 감격하고 감사하여 눈물을 흘리지 않을 수 없었습니다. 그날 이후 미사를 드리거나 성체조배를 하거나 기도할 때 저의 마음가짐과 태도가 달라졌습니다. 모든 성경 말씀과 미사 경문 등이 내 마음속에서 생생히 살아 머무는 것도 느낄 수 있었습니다. 길을 걷다가도 '예수님을 따라가고 싶다.'는 생각이 마음 깊은 곳에서 퍼져 나왔고, 그 갈망이 너무나 커서 눈물을 흘리며 길을 걷기도 했습니다. '나를 사랑하느냐?', '제가 주님을 사랑하는 줄을 주님께서 아십니다.'라는 예수님과 베드로의 대화가 자주 떠오르면서 그 마음이 저에게 깊은 울림으로 전해져오는 것을 체험했습니다.

제 4 여정에서는 내 뜻을 내려놓고 하느님의 뜻을 따르기 위해 자신이 가장 소중하게 여기는 것을 바치는 봉헌 기도를 한다. 이 봉헌의 여정 중에 우리는 인간적으로 도저히 받아들일 수 없는 아픔과 직면하게 된다. 하지만 예수님께서 하느님 아버지께 자신을 바치실 때 겟세마니 동산에서 하신 기도를 본받아, 우리도 하느님께 간절하게 자신의 아픔을 호소하는 기도를 드리며 이 여정을 가도록 한다.

QR코드를 찍으면 제4여정 강의를 들으실 수 있어요.

제 4 여정

봉헌(의지)

: 봉헌하도록 인도하시는 하느님 :

겟세마니 동산에서
예수님의 기도

그들은 겟세마니라는 곳으로 갔다. 예수님께서는 제자들에게, "내가 기도하는 동안 너희는 여기에 앉아 있어라." 하고 말씀하신 다음, 베드로와 야고보와 요한을 데리고 가셨다. 그분께서는 공포와 번민에 휩싸이기 시작하셨다. 그래서 그들에게 "내 마음이 너무 괴로워 죽을 지경이다. 너희는 여기에 남아서 깨어 있어라." 하고 말씀하셨다. 그런 다음 앞으로 조금 나아가 땅에 엎드리시어, 하실 수만 있으면 그 시간이 당신을 비켜 가게 해 주십사고 기도하시며, 이렇게 말씀하셨다. "아빠! 아버지! 아버지께서는 무엇이든 하실 수 있으시니, 이 잔을 저에게서 거두어 주십시오. 그러나 제가 원하는 것을 하지 마시고 아버지께서 원하시는 것을 하십시오." 그러고 나서 돌아와 보시니 제자들은 자고 있었다. 그래서 베드로에게 "시몬아, 자고 있느냐? 한 시간도 깨어 있을 수 없더란 말이냐? 너희는 유혹에 빠지지 않도록 깨어 기도하여라. 마음은 간절하나 몸이 따르지 못한다." 하시고, 다시 가셔서 같은 말씀으로 기도하셨다. 그리고 다시 와 보시니 그들은 여전히 눈이 무겁게 내리 감겨 자고 있었다. 그래서 제자들은 그분께 무슨 말씀을 드려야 할지 몰랐다. 예수님께서는 세 번째 오셔서 그들에게 말씀하셨다. "아직도 자고 있느냐? 아직도 쉬고 있느냐? 이제 되었다. 시간이 되어 사람의 아들은 죄인들의 손에 넘어간다. 일어나 가자. 보라, 나를 팔아넘길 자가 가까이 왔다."(마르 14, 32-42)

예수님은 자기 봉헌의 단계에서 자신을 바치실 때 감정과 지성과 의지를 다하는 전인적인 기도를 하셨다. 그분께서는 십자가 죽음을 앞두고 하느님 아버지께 절규하고 탄원하며 호소하는 기도를 하셨다.

✣ 자신을 봉헌하는 감정 표현의 기도

"내 마음이 너무 괴로워 죽을 지경이다. 너희는 여기에 남아서 깨어 있어라." 하고 말씀하셨다. 그런 다음 앞으로 조금 나아가 땅에 엎드리시어, 하실 수만 있으면 그 시간이 당신을 비켜 가게 해 주십사고 기도하시며,(마르14, 34-35)

예수님께서는 하느님이시면서도 인간으로서 느끼는 감정을 있는 그대로 솔직하게 아버지 하느님께 말씀드리는 기도를 하셨다. 그리고 제자들에게도 함께 기도해달라고 청하셨다. 주님께서는 '내 마음이 괴로워 죽을 지경이다.'라며 공포와 번민에 싸인 감정을 그대로 드러내셨다. 그리고 이런 아픔을 하느님 아버지께 온몸과 마음으로 표현하는 기도를 하셨다. 그래서 땀이 핏방울처럼 되어 땅에 떨어졌다.(루카 22,44)고 성경은 전한다. 예수님은 하느님 아버지를 전적으로 신뢰하며 당신을 극진히 사랑한다는 믿음을 갖고 있으셨기에 당신의 마음을 온전히 표현하셨다.

✛ 자기 권리를 주장하는 지성적인 기도

아빠! 아버지! 아버지께서는 무엇이든 하실 수 있으시니, 이 잔을 저에게서 거두어 주십시오.(마르 14, 36)

예수님께서는 지금 현재 느끼고 있는 감정만 표현하신 것이 아니라, 그렇게 큰 아픔을 견딜 수 없어 '아버지께서는 하실 수 있으시니 이 잔을 거두어 달라.'고 청하는 기도도 하셨다. 어떻게 당신의 사랑하는 아들에게 이런 큰 아픔을 겪으라고 하시는가? 예수님은 하느님께 '아버지의 이런 뜻을 거두시어 그 고통의 잔을 거두어 주십시오.' 하고 간절한 마음으로 밤새 기도하셨다.

예수님께서는 당신을 아프게 한 이들에게 분노를 느끼며 그들에게 벌을 내려달라고 기도하지 않으셨다. 누군가에게 벌을 내려달라고 청하는 기도는 원수를 갚고 싶은 마음에서 비롯될 수 있다. 예수님께서는 오로지 당신의 아픔만 말씀드리고, 가능하면 이 잔을 마시지 않게 해달라는 기도를 세 번이나 간절하게 드리셨다. 예수님께서 하신 이 기도는 자녀가 아버지에게 자신의 아픔을 알아달라고 간곡하게 호소하는 것이었다. 예수님께서는 하느님 아버지께서 자신의 절규를 들어주실 것이라는 확신을 가지고 그렇게 간절하게 기도드리셨다. 자신의 힘으로는 이렇게 큰 십자가를 지고 갈 수 없다고 자신의 처지를 솔직하게 표현하시는 기도였다. 예수님께서는 이러한 고통을 도저히 이겨낼 수 없다는 것을 알아차리고 하느님 아버지께 전적으로 의탁하면서 기도를 드리신 것이다.

✠ 하느님의 뜻을 따르는 의지의 기도

그러나 제가 원하는 것을 하지 마시고 아버지께서 원하시는 것을 하십시오.(마르 14, 36)

예수님께서는 하느님의 뜻에 순명하기 위해서 온몸과 온 마음과 온 정신을 다해서 밤새 하느님 아버지께 기도를 드리셨다. 예수님께서는 다가올 십자가의 고통을 하느님의 뜻이니까 무조건 따라야 한다는 마음으로 받아들이신 것이 아니었다. 예수님께서는 자신의 감정과 지성을 통해 하느님 아버지께 자신의 절박한 마음을 솔직하게 다 표현하는 기도를 하셨다. 그렇게 하셨을 때 예수님께서는 오히려 하느님의 뜻을 따르는, 즉 그 엄청난 십자가를 지고 가겠다는 의지의 기도를 바치실 수 있었다.

예수님께서는 끝까지 하느님의 뜻을 받아들이지 않겠다고 기도하지 않으셨다. 또 하느님 아버지께서는 간절히 청하는 예수님의 기도를 들어주셔서 십자가의 고통을 없애 주시는 대신, 엄청난 십자가의 고통을 기꺼이 지고 갈 수 있는 힘과 용기를 주셨다. 우리도 이렇게 극심한 아픔을 겪을 때 예수님께서 드리셨던 기도를 바치면 십자가를 지고 갈 힘을 받을 수 있다.

✛ 하느님 아버지께 순명하시는 예수님

일어나 가자!(마르 14, 42)

예수님께서는 우리에게 가르치신 것과 같은 기도를 당신이 직접 바치셨다.

예수님께서는 새벽녘이 되어서야 제자들을 깨워 '일어나 가자!'고 하셨다. 즉 구하고 찾고 두드리는(루카11, 9-13) 동안 인간으로는 도저히 감당할 수 없는 십자가의 고통을 받아들일 수 있게 되는 은혜를 받으신 것이다. 하느님의 뜻에 자신을 온전히 드릴 수 있는 마음이 되어 하느님의 뜻을 따르는 의지의 기도를 바치시게 된 것이다. 하느님께서는 십자가의 고통을 없애주시지 않으셨다. 대신 당신의 뜻에 따라 십자가를 잘 지고 갈 수 있는 사랑과 힘을 주신 것이다. 예수님처럼 우리도 우리의 아픔만을 호소하는 기도를 바쳐야 한다. 그러면 하느님께서는 십자가를 기꺼이 지고 갈 수 있는 은총을 주시고, 남을 탓하며 원망하는 마음은 거두어 가신다.

이사악을 제물로 바친
아브라함의 기도

그러고는 그를 밖으로 데리고 나가서 말씀하셨다. "하늘을 쳐다보아라. 네가 셀 수 있거든 저 별들을 세어 보아라." 그에게 또 말씀하셨다. "너의 후손이 저렇게 많아질 것이다."(창세 15, 5)

하느님께서는 늦은 나이에 아브라함에게 아들을 주시고, 그 아들을 통해 하늘의 별처럼 자손이 번성하게 해주시겠다고 약속하셨던 분이시다. 그런데 그 하느님께서 아브라함에게 아들 이사악을 제물로 바치라고 명령하셨다. 아브라함은 이런 하느님의 명령을 단숨에 이해하고 선뜻 따를 수 있었을까? 아브라함은 귀하게 얻은 자식인 이사악을 바쳐야 하는 고통을 끌어안고 하느님의 뜻을 따를 수 있는 힘이 생길 때까지 절규하며 기도드렸을 것이다.

❖ 아브라함의 탄원 기도

아브라함도 예수님처럼 감정, 지성, 의지로 하느님께 탄원하고 원망하는 기도를 바쳤을 것이다. 로봇이 아닌 이상 자식을 그렇게 쉽게 바칠 수는 없기 때문이다. 기도를 통해 하느님의 은총을 받아야만 하느님의 뜻에 따를 수 있는 것이다. 아브라함은 하느님께 어떻게 아들을 바치라고 하시느냐고 절규하고 탄원하는 기도를 드렸을 것이다. 자손이 번창하리라는 약속까지 해주셨던 하느님께서 이제 와서 자신의 희망인 이사악을 바치라고 하시니, '차라리 저를 데려가주십시오.' 하는 기도를 드렸을 것이다. 앞으로 이 자식이 대대손손 자식들을 낳아 하느님께 영광을 드릴 텐데, 어쩌자고 이렇게 쉽게 둘도 없는 자신의 아들 이사악을 바치라고 하시느냐고 깊은 탄원의 기도를 했을 것이다. 아브라함이 이렇게 하느님 아버지께 울부짖는 기도를 드리지 않았더라면 마음이 너무나 괴로워서 절망에 빠졌을 것이다.

이사악이 아버지 아브라함에게 "아버지!" 하고 부르자, 그가 "얘야, 왜 그러느냐?" 하고 대답하였다. 이사악이 "불과 장작은 여기 있는데, 번제물로 바칠 양은 어디 있습니까?" 하고 묻자, 아브라함이 "얘야, 번제물로 바칠 양은 하느님께서 손수 마련하실 거란다." 하고 대답하였다. 둘은 계속 함께 걸어갔다.(창세 22, 7-8)

아브라함이 그렇게 절박하게 기도를 드린 후가 아니었다면 아들 이사악이 '하느님께 바칠 번제물은 어디에 있습니까?' 하고 물었을 때 번제물로 바칠 양은 하느님께서 손수 마련하실 거란다.(창세기 22장 참조) 하는 답은 줄 수 없었을 것이다. 자기에게 내려진 하느님의 명령을 가지고 하느님께 청하고, 구하고, 두드리면서 도저히 이 아들 만큼은 바칠 수 없다고 절규하고 호소하는 기도를 바치지 않았다면 이렇게 평온하게 '하느님께서 마련하신단다.' 하고 말할 수 없었을 것이다.

아들 이사악을 하느님께 제물로 바칠 수 있게 되기까지 아브라함은 엄청나게 고뇌했을 것이다. 어쩌면 차라리 당신을 데려가달라고 간절히 청했을지도 모른다. 아들을 제물로 바치는 것이 어떻게 하느님의 뜻일 수 있을까? 하고 하느님의 선하심을 의심했을지도 모른다. 하느님에 대한 사랑과 믿음이 다 무너지는 아픔을 겪었을 것이다. 그럼에도 불구하고 하느님께 얼마나 간절하게 어린아이처럼 기도를 드렸으면, 결국 실제로 아들을 제물로 바치는 순간을 맞게 되었을까? 이렇게 하느님의 뜻을 따르기 위해서는 하느님께서 은총을 주실 때까지 기도해야 한다.

나의 이사악을
봉헌하는 기도

우리는 실제 겪고 있는 아픔으로 인한 고통이나 앞으로 닥칠지도 모를 아픔에 대한 두려움, 또는 과거에 직면했던 아픔들에 대한 기억을 갖고 있다. 이 여정을 지나며 우리는 이러한 아픔들이 닥쳤을 때 어떻게 기도드려야 하는지 알게 된다. 이런 아픔들을 직면한다면 하느님 아버지께 이 십자가는 도저히 지고 갈 수가 없노라고 자기 심정을 솔직하게 말씀드리는 기도를 드려야 한다. 다음의 예는 우리들에게 실제로 일어날 수 있는 아픔들이다.

: : 교통사고를 당해 장애인이 되어 살아가야 되는 경우

: : 사랑하는 부모나 자식이 갑자기 세상을 떠나는 경우

: : 남편이나 아내와 도저히 함께 살 수 없는 상황이 되는 경우

: : 원수 같은 사람과 계속 함께 살아야 하는 상황에 처하는 경우

: : 회복될 가망이 없는 중병에 걸리는 경우

: : 천재지변으로 모든 것을 잃게 되는 경우

: : 전에 어렵게 살았던 상황으로 다시 돌아가서 살게 되는 경우

이 봉헌의 여정에서 바쳐야 하는 우리들의 이사악은 미래에 관한 것, 현재에 일어나는 것, 과거에 있었던 아픔들로 나눌 수 있다.

❖ 미래의 아픔에 대한 기도

앞으로 닥치게 될 시련들을 미리 감지하는 경우가 있다. 십자가의 죽음을 맞기 전날, 밤을 새워가며 하느님께 '이 잔을

거두어달라.' 기도를 드린 예수님과 같이, 미래에 닥치게 될 아픔을 가지고 하느님께 기도를 드려야 한다. 예수님께서 그러셨듯이 앞으로 닥칠 그 고통들을 가지고 하느님 아버지께 처절하게 그 고통을 면하게 해달라는 기도를 드려야 한다.

우리들의 삶 속에도 이런 사례들은 너무나 많다. 갑자기 시한부로 살아야 하는 경우, 또는 추구했던 원대한 꿈의 실현 가능성이 희박해진 경우 등등. 그럴 때는 예수님께서 하신 것과 같이 솔직하고 처절하게 기도를 바쳐야 한다. 예수님과 같이 온 마음을 다해, 이러한 삶은 도저히 받아들일 수 없다며 탄원의 기도를 바쳐야 한다. 이렇게 간절하게 기도드리면, 그러한 고통을 받아들일 수 있는 마음이 되면서 자신의 의지를 바치고 하느님의 뜻을 따르는 기도를 바칠 수 있게 된다.

✛ 현재의 아픔에 대한 기도

또한 현재에 직면하게 되는 아픔들을 가지고도 그렇게 기도드려야 한다. 갑자기 발생한 천재지변이나 불의의 사고로 아주 심한 고통에 빠졌다면, 이런 고통이 어떻게 하느님의 뜻일 수가 있느냐고 하는 절규의 기도를 하느님께 바쳐야 한다. 그러면 하느님께서는 이렇게 기도하는 분들의 상황을 그 같은 큰 변을 당하기 전으로 회복시켜 주시는 것이 아니라, 이러한 고통을 받아들이고 하느님께서 주시는 위로를 받고 새롭게 출발할 힘을 주신다. 즉 이 세상 것에 대한 애착을 내려놓고 영적으로 살 수 있도록 힘을 주시는 것이다.

자신의 희망과 원의를 내려놓고 하느님의 뜻을 따르는 기도가 쉽게 이루어지는 것은 아니다. 하느님에 대한 전적인 신뢰와 믿음, 그리고 세속적인 것을 추구하는 아픈 마음들에 대한 끊임없는 기도가 필요하다. 뿐만 아니라 성령께서 우리 마음을 차지하실 때까지 기도를 드리는 정성과 시간이 매우 중요하다. 이렇게 기도를 드릴 때에 우리는 이 세상에서

하느님 나라에 들어가는 기쁨을 누릴 수 있다. 예수님께서는
하느님의 나라가 이미 너희에게 와 있는 것이다.(루카 11, 20)
라고 말씀하셨다.

✛ 과거의 아픔에 대한 기도

기쁨과 안전함을 누리던 행복한 과거로 다시 돌아가고 싶
어 현재를 제대로 살지 못하는 경우가 있다. 이렇게 과거의
집착에서 벗어나지 못해 힘들어 하는 경우에는 그러한 집착
에서 벗어나기 위한 기도를 드려야 한다. 예를 들어 자신이
사랑했던 부모나 형제, 자녀, 또는 남편이나 부인이 갑자기
떠난 아픔을 가진 분들이 있다. 이런 사별의 아픔에서 벗어
나는 것은 쉬운 일이 아니다. 그분들이 늘 슬프고 아프고 괴
로운 것은 과거에 누렸던 행복에 집착하고 있기 때문이다.
그래서 사별의 아픔에 머물면서 현재의 삶도 제대로 살지 못
하고 하느님 안에서 평화와 기쁨을 누리지도 못하고 살아간

다. 이럴 때에는 하느님께 이 모든 아픔을 솔직하게 다 말씀드리는 기도를 해야 한다. '도저히 이 고통만은 참을 수 없고 받아들일 수 없습니다.' 하고 계속 하느님께 기도를 드린다.

때로는 사별한 사람들을 꿈이나 상상 속에서 만나는 기쁨에 빠져 거기에 머물려고 하는 경우도 있다. 이러한 마음의 상태를 과거에 대한 집착이라고 할 수 있다. 하지만 진정한 평화와 기쁨은 하느님 안에 머무를 때 누릴 수 있는 것이고, 하느님은 현재에 만나야 한다. 과거에 함께 했던 분을 꿈이나 기도 안에서 자주 만나게 되면 현실에 살지 못하게 되므로 이러한 마음을 즉시 알아차리고 '예수님 사랑합니다!', 혹은 '저의 주님, 저의 하느님!'이라는 단순기도를 지속적으로 드려서 집착의 마음을 떠나보내야 한다. 하느님을 만나는 기도를 해야 하느님께서 주시는 평화와 사랑과 기쁨을 누릴 수 있기 때문이다.

∴ 하느님의 뜻을 따를 수 없다는 감정과 지성의 기도

이와 같이 견디기 힘든 상황에 닥쳐 기도를 바칠 때는 이런 아픔을 가지고 살아가라는 것이 하느님의 뜻이라면 저는 도저히 그 뜻을 받아들일 수 없다고 솔직하게 호소하도록 한다. 이러한 기도를 할 때는 예수님께서 겟세마니 동산에서 하셨던 것처럼 기도해야 한다. 예수님께서는 감정을 그대로 다 표현하셨다. 공포와 번민에 휩싸여 괴로워 죽을 지경(마르. 14장 참조)이라고 하셨다. 그러고는 당신의 감정을 있는 그대로 표현하시며 기도드렸다. 또한 아빠! 아버지! 이 잔을 저에게서 거두어 주십시오.(마르 14. 36) 하시며 지성으로 하느님께 하소연하는 기도를 드리셨다.

이렇게 온 마음과 온 정성과 온 힘을 다해 기도드리게 되면 그런 일이 일어나도 되고 안 일어나도 된다고 하는 마음이 된다. 즉 이 세상에서의 삶이 내 뜻대로 되지 않는다 해도 크게 실망하거나 괴로워하지 않게 된다는 뜻이다. 자신의 뜻이 이루어지기를 바라는 애착을 다 내려놓는 기도를 바치기 때문이다.

✤ 하느님의 뜻을 따르겠다는 의지의 기도

예수님께서는 아버지의 뜻을 따를 수 없다는 감정과 지성의 기도를 드리셨지만, 결국에는 하느님 아버지의 뜻에 따르겠다는 의지의 기도를 바치셨다. 우리도 하느님께 기도를 드릴 때에 우리의 아픔을 도저히 감당할 수 없다고 감정과 지성으로 호소하는 기도를 하되, 하느님의 뜻을 거스르면서까지 내 뜻을 들어달라는 기도는 하지 말아야 한다. 만약 우리의 의지까지도 하느님의 뜻을 따르지 않겠다고 하게 되면 하느님께 불순명하는 것이 되기 때문이다. 예수님께서는 자신을 위해 기도를 바치셨지만 결국 아버지의 뜻을 따르는 기도를 하셨다. 예수님께서는 밤새도록 당신 자신을 위해 아버지께 호소하고 탄원하고 절규하는 기도를 바치셨다. 이렇게 간절한 기도를 바치셨을 때 하느님 아버지께서는 십자가를 지고 갈 수 있는 힘을 주신 것이다. 새벽녘에 예수님은 제자들을 깨우시면서 일어나 가자.(마르 14, 42) 하시고는 그 엄청난 십자가를 지고 가신다. 이러한 기도는 하느님께 의지로 순명하는 봉헌의 기도라 할 수 있다.

예루살렘의 딸들아, 나 때문에 울지 말고 너희와 너희 자녀들 때문에 울어라.(루카 23, 28)

예수님께서 십자가를 지고 극심한 고통을 당하시는 것을 보며 예루살렘 여인들이 울고 있을 때, 예수님께서는 '나를 위해 울지 말고 너희와 너희 자녀들을 위해 울거라'고 하셨다. 이 가르침은 자신의 사정은 뒤로 한 채 다른 사람의 아픔만을 생각하며 울지 말라고 말씀하시는 것이다. 예수님의 이 말씀은 자신의 고통에 직면하여 하느님께 자신을 위해 기도해야 성령께서 함께 하시면서 고통을 이겨낼 힘을 얻을 수 있다는 것을 말씀해주시는 것이다. 예수님께서 기도에 대한 가르침을 계속 주고 계신 것이다. 우리가 우리 자신을 위해서 기도해야 성령께서 함께 해주시면서 하느님의 뜻을 따를 수 있는 은혜도 받을 수 있다는 것이다.

하느님을 만나서 힘을 얻으려면 자신이 직면한 십자가의 아픔을 도저히 감당할 수 없는 무능력한 마음 그대로를 하느님께 말씀드리는 기도를 해야 한다. 이렇게 기도를 드릴 때에 하느님께서 내려주시는 은총의 힘으로 어떤 십자가의 고통도 받아들이고 지고 갈 수 있게 된다.

일상에서 만나는
십자가에 대한 기도

누구든지 내 뒤를 따라오려면, 자신을 버리고 제 십자가를
지고 나를 따라야 한다.(마태 16, 24)

자신을 봉헌하는 기도는 참으로 힘든 것이다. 그렇지만 자
신을 바치는 기도를 해야 하느님을 만날 수 있다. 봉헌하는
기도는 세상에서는 죽지만 영원히 사는 삶으로 가는 여정이
다. 영원한 생명에 이르려면 자기를 버리고 예수님을 따르
라고 하신 말씀을 깊이 새기면서, 영원한 생명을 주시는 하

느님을 만나기 위해 끊임없이 그분을 찾는 기도 생활을 해야 한다. 아무 일 없이 순탄하게 지낼 때에는 신앙생활도 잘하는 것 같고 행복하다고 느끼면서 살아간다. 그러나 고통이 따를 때에는 안일한 신앙생활에서 벗어나 하느님께 절규하는 기도를 드려야 한다.

❖ 십자가를 지고 갈 힘을 얻는 기도

우리가 이 세상을 살아가다 보면 온갖 십자가를 만나게 되는데, 때로는 아무리 애를 써도 결코 피할 수 없는 십자가가 있게 마련이다. 이럴 때에는 그 아픔들을 가지고 하느님께 호소하면서 도저히 이 십자가는 지고 갈 수 없다고 마음을 다해 간절히 탄원하는 기도를 해야 한다. 십자가는 성령께서 함께 해주셔야만 지고 갈 수 있다. 예수님께서는 하느님 아버지께 구하고, 찾고, 두드리라(루카 11, 9)고 말씀하시면서, 그렇게 간절하게 기도드릴 때 성령을 주시겠다고 약속하셨다. 그러므로 복음 말씀을 상기하며 간절하게 원의를 다 말씀드리는 기도를 시작해야 한다. 그렇다면 언제까지 십자가의 고통을 참아내며 간절한 기도를 드려야 하는 걸까? 예수님이 그러셨듯이 십자가를 기꺼이 지고 갈 힘을 얻을 때까지 기도드려야 한다.

✥ 고통을 통해 하느님을 만나는 기도

때로는 직접 불의한 행동을 하지 않았는데 책임자였다는 이유로 고통을 받게 되는 상황에 처하기도 한다. 예를 들어 어린 학생들을 인솔하여 연수나 캠프를 떠났다가 아이들이 다치는 사고가 발생하는 경우 책임자들은 엄청난 고통을 겪게 된다. 이런 경우에는 예수님이 겟세마니 동산에서 바친 기도를 자신의 기도로 바쳐야 한다. 즉 하느님 아버지께 이러한 고통은 도저히 감당할 수 없다고 호소하고 탄원하고 절규하는 기도를 드리는 것이다. 이렇게 기도드리지 않으면 그 고통에 짓눌려 우울증에 빠져서 헤어 나오지 못하게 된다. 이런 고통과 시련의 아픔들에 대해 간절하게 하느님께 호소할 때에 하느님께서는 당신의 시간에 우리들에게 은총을 베풀어주신다. 하느님께서 주시는 평화와 기쁨을 느끼게 되었을 때에야 우리는 불의의 사고를 당한 당사자들을 위로하고 함께 기도를 바치면서 모두가 아픔에서 해방되는 은총을 받을 수 있게 된다.

소중한 여정

············

봉헌의 여정을 시작하면서 저는 알 수 없는 거부감에 휩싸여 두려움까지 밀려드는 것을 느꼈습니다. 강의를 들으며 '아! 나는 이 여정에서 죽어서 나가겠구나!' 싶은 생각이 들었습니다. 이 봉헌의 여정에서는 예수님처럼 아픈 마음을 호소하며 지성이나 의지만으로가 아니라 마음으로 봉헌해야 하는데, 그것이 제게는 너무 힘들게 느껴졌기 때문입니다. 지금까지 이 마음 때문에 얼마나 고생을 많이 했는데 그 과정을 또 거쳐야 한다고 생각하니 화가 날 지경이었습니다.

거부감이 이렇게 강하니 내 안의 이사악 찾기도 힘들겠구나 싶었습니다. 강의를 마치고 방에 들어서는 순간, '오늘밤 잠은 다 잤다.' 하는 생각이 퍼뜩 들더니 정말 그렇게 밤을 꼬박 새웠습니다. 그런데 마음 한구석에서는 이미 나의 이 사악이 밀고 올라오고 있었습니다. 애써 무시하며 다른 이 사악을 찾아보려 했지만 소용없었습니다. 초대하지도 않았 는데 밀고 올라오는 그 밉살스런 이사악을 받아들여야 했습 니다. 그것은 바로 어린 시절의 아픔이었습니다.

왜 예수님께서는 당신께서도 지고 가기 힘들어 하셨던 십 자가를 저에게 지우려 하시는가 싶어 슬그머니 화가 났습니 다. 그래서 반항하며 절규했습니다. "당신에게는 당신의 아 픔을 들어줄 아버지가 계셨지만 제게는 그런 아버지조차 없 습니다. 당신이 제 생명을 지켜주기 위해 제게 주신 아버지 는 처음부터 저를 외면했고 제가 얼굴을 익히기도 전에 돌 아가버리셨습니다. 그런 아버지의 부재가 얼마나 큰 공허 의 십자가로 제 어깨 위에 지워졌는지 아십니까? 그 십자가 는 당신이 제 어깨 위에 올려놓으신 겁니다. 저를 돌보고 키 워주었어야 할 엄마조차도 오히려 제가 돌보고 지켜야 할 대상이었습니다. 이렇게 힘든 십자가도 당신이 주신 것 아 닌가요? 그런데 이제 와서 또 무슨 십자가를 지라고 하시는 건가요?" 그야말로 눈물 콧물로 범벅이 된 얼굴로 울부짖었 습니다.

"한 살배기 어린애가 진흙 구덩이에 내동댕이쳐질 때 당신은 어디 계셨습니까? 새싹이 돋기도 전에 밑동까지 싹둑 잘려버리고, 불꽃을 피우기도 전에 시커먼 재로 사그러들 때 당신은 제게 무엇을 해주셨습니까? 당신은 지금 제게 새로운 십자가를 주실 것이 아니라 이 모든 십자가들을 제게서 거두어가셔야 합니다." 지금까지 한 번도 해보지 못했던 권리 주장과 분노를 폭발해가며 울부짖었습니다.

"겨우겨우 버려진 마음을 주어모아 꿰매고, 싸매고 닦아주며 생명을 키워가려 하는데 왜 이제 와서 그것을 내놓으라고 하시나요? 그럴 거면 처음부터 허락하지 마시지, 왜 이제 와서 저를 두 번이나 죽이시는 건가요? 저도 피멍이 든 제 마음을 들여다보는 게 아픕니다. 아직도 찾지 못해 구멍이 숭숭 뚫린 제 마음을 바라보는 게 너무나 아픕니다. 그래도 살려내고 싶습니다."

한동안 그렇게 아우성치며 울다 보니 예수님께서 말없는 침묵으로 지켜보고 계신 것처럼 느껴졌습니다. 오열이 잦아들면서 모든 것이 끝났다는 편안한 마음이 찾아왔습니다. 온몸에서 힘이 빠져나간 것처럼 느껴져 기진해 앉아 있는데, 제 입에서 '예수님 뜻대로 하세요.'라는 조용한 목소리가 흘러나왔습니다. 그러자 이제는 감사와 후련함이 눈물 콧물이 되어 또다시 흘러 내렸습니다. 영적 지도자께서도 눈물 콧물을 흘리며 저의 이 봉헌을 받아주셨습니다. 그때 '아! 예수님도 눈물 콧물 흘리시며 나의 봉헌을 받아들이셨겠구나!' 하는 생각이 들었습니다. 지금까지 저에게 있어 마음은 돌볼 대상이 아니라 그저 극복하고 정복해야만 하는 것이었습니다. 마음이 이렇게 아름답고 소중한 것임을 새삼 깨닫게 된 소중한 여정이었습니다.

용서의 체험

봉헌의 여정에서 나는 무엇을 봉헌할까 난감해 하던 중에 용서할 수 없는 사람이 떠올랐습니다. 그 순간 예수님께서 용서하라고 하시는 것같이 느껴져 그것을 가지고 봉헌 기도를 시작했습니다. 마음속에서는 계속 '용서가 안 되는데, 용서가 안 되는데' 하는 생각이 들었지만, 조용조용히 예수님께 말씀드리기 시작했습니다.

하지만 예수님께서는 아무 반응이 없으셨습니다. 그래서 겟세마니 동산에서 드린 예수님의 기도(마르 14, 32-42)를 읽고 또 읽으며, 예수님께서 하셨던 것처럼 온 마음을 다해 호소하고 탄원하며 하느님의 자녀 된 저의 권리를 주장하는 기도를 시작했습니다.

홀로 방 안에서 소리치고 항의했습니다. 그것으로는 모자라 일어나서 십자가에 삿대질하며 '어떻게 용서하라고 하실 수가 있습니까? 당신은 기껏 며칠 고민했겠지만 저는 몇 년이나 미움받고, 적막하게 버려지고, 공포의 분위기 속에서 두려움에 떨며 살았습니다. 그걸 아십니까?' 하며 예수님께 대들었습니다. 그리고 '얼마나 많은 밤 동안 제대로 잠을 못 이루거나 자다가 놀라 깨었는지 아십니까? 그 때문에 머리도 빠지고 병까지 생겼는데 어떻게 용서합니까? 창살 없는 감옥에서 때로는 저를 노려보는 감시의 눈초리를 느끼며 마음 졸이고 불안에 떨면서 살았는데 어떻게 용서합니까?' 하고 예수님께 막무가내로 덤볐습니다.

'그렇게 절박하게 도움을 청해도 도와줄 사람 하나 보내주시지 않고 아무 해결도 안 해주시더니 이제 와서 용서를 하라고요?' 하며 예수님께 있는 힘을 다해 절규했습니다. 그렇게 통곡을 하다 급기야는 밖으로 나가 길을 걸으면서 큰소리로 하느님께 고함을 질렀습니다.

한참을 그러다가 지친 나는 결국 '예수님 마음대로 하세요.' 하며 주저앉아버렸습니다. 그런데 그 순간 용서가 안 되는데도 용서하라고 하신 예수님의 마음을 이해하게 되었습니다. '예수님이 이런 마음이셨구나.' 하는 마음에 나도 모르게 '예수님!' 하며 울음을 터뜨렸습니다.

그 다음날 저는 꿈을 꾸었습니다. 어린아이 둘이 들어왔는데, 아버지께서 언니의 행복을 위해 그 두 아이를 멀리 보내라고 하는 것이었습니다. 저는 그 아이들이 집을 나가서 받게 될 상처와 어려움들을 생각하며 대성통곡하였습니다. 꿈에서 깨어났을 때 저는 저의 행복을 위해 다른 이를 미워하고, '죽어 버렸으면……' 하고 생각하고, '나가라'고 했던 제 모습을 보게 되었습니다. '예수님께서 하라는 대로 하겠습니다.' 하는 기도를 바치고 나니 마음이 뻥 뚫리면서 편안해졌습니다.

다음날에도 꿈을 꾸었는데, 꿈속에서 저는 속옷만 입은 채 운동장 같은 곳을 뛰어다니며 '나 용서했다.'고 소리치고 있었습니다. 저는 그런 저를 보며 미쳤다고 하는 사람들에게 다가가 '나 미치지 않았어. 내가 용서했다고 했더니 예수님이 나를 용서해 주셨어! 그래서 너무 기뻐서 이렇게 뛰는 거야.' 하고 설명했습니다.

그런 다음 어디론가 가는 사람들을 따라 산 위에 올라갔는데, 그곳에선 햇살이 내리비치는 따뜻하고 평화로운 마을이 내려다보였습니다. 그것을 보며 '아, 이제 내려가면 되겠

네!' 하다가 잠에서 깼습니다. 그 꿈을 꾸고 난 뒤 저의 마음
은 기쁨과 자유로움으로 가득 찼습니다.

제 5 여정에서는 하느님을 섬기지 못하도록 방해하고 괴롭히며 우리를 파멸로 이끌어가는 악마의 유혹에 대해 살펴본다. 그런 후 이들을 물리치고 경외심을 가지고 하느님만을 섬기는 믿음 생활로 이끌어주시기를 청하는 여정을 간다. 악마는 예수님까지도 유혹했다. 그러나 예수님은 악마를 아주 가볍게 물리치셨다. 예수님께서 악마를 물리치신 모습을 보면, 오로지 하느님만을 섬겨야 한다고 경고했을 때 악마가 힘없이 물러간 것을 볼 수 있다. 악마가 우리를 유혹하는 근본 목적은 하느님을 섬기지 못하게 방해하고, 하느님 대신 자기 자신을 섬기도록 유혹하여 그 결과 파멸에 이르고 영원한 생명을 받지 못하도록 하는 데 있다.

QR코드를 찍으면 제5여정 강의를 들으실 수 있어요.

식별(영혼)

유혹을 물리칠
힘을 주시는 하느님

광야에서
악마의 유혹을 물리치신 예수님

예수님께서 40일간 광야에서 기도하실 때 거의 마지막에 심한 유혹을 받으셨다. 이런 사실로 볼 때 영혼이 하느님께 더 가까이 다가갈수록 하느님께 가지 못하게 하려는 악마의 유혹은 더 심해진다는 것을 알 수 있다.

예수님께서는 성령으로 가득 차 요르단 강에서 돌아오셨다. 그리고 성령에 이끌려 광야로 가시어, 사십 일 동안 악마에게 유혹을 받으셨다. 그동안 아무것도 잡수시지 않아 그 기간이 끝났을 때에 시장하셨다. 그런데 악마가 그분께, "당신이 하느님의 아들이라면 이 돌더러 빵이 되라고 해 보시오." 하고 말하였다. 예수님께서 그에게 대답하셨다. "'사람은 빵만으로 살지 않는다.'고 성경에 기록되어 있다." 그러자 악마는 예수님을 높은 곳으로 데리고 가서 한순간에 세계의 모든 나라를 보여 주며, 그분께 말하였다. "내가 저 나라들의 모든 권세와 영광을 당신에게 주겠소. 내가 받은 것이니 내가 원하는 이에게 주는 것이오. 당신이 내 앞에 경배하면 모두 당신 차지가 될 것이오." 예수님께서 그에게 대답하셨다. "성경에 기록되어 있다. '주 너의 하느님께 경배하고 그분만을 섬겨라.'" 그러자 악마는 예수님을 예루살렘으로 데리고 가서 성전 꼭대기에 세운 다음, 그분께 말하였다. "당신이 하느님의 아들이라면 여기에서 밑으로 몸을 던져 보시오. 성경에 이렇게 기록되어 있지 않소? '그분께서는 너를 위해 당신 천사들에게 너를 보호하라고 명령하시리라.' '행여 네 발이 돌에 차일세라 그들이 손으로 너를 받쳐 주리라.'" 예수님께서는 그에게, "'주 너의 하느님을 시험하지 마라.' 하신 말씀이 성경에 있다." 하고 대답하셨다. 악마는 모든 유혹을 끝내고 다음 기회를 노리며 그분에게서 물러갔다.(루카 4, 1-13)

예수님께서 성령의 인도로 광야에서 단식하시며 깊이 기도하실 때, 악마는 예수님께서 하느님을 섬기고 하느님의 뜻을 따르지 못하도록 방해하는 유혹을 한다. 이때 악마는 예수님께 이 세상에서 얻을 수 있는 부귀와 권력을 가지고 현세적으로 살라고 유혹한다.

✣ 육신의 욕구를 채우라는 유혹

당신이 하느님의 아들이라면 이 돌더러 빵이 되라고 해 보시오.(루카 4, 3)

악마는 예수님이 하느님의 아들이시라는 것을 이미 알고

있었으며, 무엇이든 할 수 있는 권능을 가지고 계시다는 것
또한 잘 알고 있었다. 그래서 악마는 40일간의 단식으로 허
기지신 예수님의 상황을 노려 빵을 만들어보라고 유혹했다.
하느님의 아들이 지니신 능력을 이용해 당장 빵을 만들어서
허기진 육신의 욕구를 채우라고 예수님을 유혹한 것이다.

 사람이 빵으로만 살지 않고 하느님의 입에서 나오는 모든
 말씀으로 산다.(마태 4, 4)

  예수님께서는 살아가기 위해서는 우리에게 빵이 꼭 필요하
다는 것을 아신다. 하지만 그것이 전부는 아니라고 하신다.
영원한 생명을 얻기 위해서는 하느님의 말씀으로 살아야 한
다는 것을 강조하신다. 우리가 영적인 존재이기 때문이다.
예수님께서 이 사실을 알려주시자 악마는 즉시 사라진다. 예
수님께서는 이를 통해 당신이 세상에 오신 이유는 우리 모두
가 영원한 생명을 누리게 하시기 위함임을 알려주신다.

❖ 자기 자신을 섬기라는 유혹

저 나라들의 모든 권세와 영광을 당신에게 주겠소.(루카 4, 6)

악마는 모든 나라들의 권세와 영광이 자신에게 있다고 주장하며, 자기에게 꿇어 경배하면 이 모든 것을 예수님께 주겠다고 유혹한다. 이것은 예수님께 십자가 고난의 길을 포기하고 세상의 권세와 영광을 누리며 살라고 유혹하는 것이다. 하느님을 섬기지 말고 자기 자신을 섬기며 유한한 존재로 살아가라는 유혹이다.

성경에 기록되어 있다. '주 너의 하느님께 경배하고 그분만을 섬겨라.'(루카 4, 8)

예수님께서는 우리가 마땅히 섬겨야 할 대상은 세상의 권력과 부귀 영화를 누리는 자기 자신이 아니라 하느님이라는 것을 분명하고 단호히 말씀하시며 악마의 유혹을 물리치신

다. 우리의 삶은 하느님 한 분만을 모시고 사는 것이어야 하기 때문이다.

✧ 하느님에 대한 신뢰를 흔드는 유혹

행여 네 발이 돌에 차일세라 그들이 손으로 너를 받쳐 주리라.(루카 4, 9-11)

악마는 하느님께서 천사들에게 아들을 돌보게 하신다고 하신 구약성경의 말씀을 인용하며, 예수님이 하느님의 아들이라면 마음 놓고 뛰어내려 그것을 확인해보라고 유혹한다.

'주 너의 하느님을 시험하지 마라.' 하신 말씀이 성경에 있다.(루카 4, 12)

성경 말씀을 가지고 교묘하게 유혹하는 악마에게 예수님

께서도 역시 성경 말씀을 인용하여 대응하셨다. 악마는 하느님께서 정말로 하느님만의 능력을 예수님께 부여해주셨는지 스스로 확인해보라고 유혹한다. 하지만 예수님께서는 하느님을 시험하지 말라고 단호하게 경고하신다.

공생활에서
악마의 유혹을 물리치신 예수님

사람들은 예수님께서 일으키신 표징을 보고, "이분은 정말 세상에 오시기로 되어 있는 그 예언자시다." 하고 말하였다. 예수님께서는 그들이 와서 당신을 억지로 모셔다가 임금으로 삼으려 한다는 것을 아시고, 혼자서 다시 산으로 물러가셨다.(요한 6, 14-15)

예수님께서는 광야에서, 그리고 하느님 나라를 선포하시는 생활을 마치시기 전까지 군중으로부터 빵을 만들어주는 임금이 되어달라는 유혹을 받으신다. 이 유혹은 광야에서 40일 동안 단식기도 하실 때 받으신 첫 번째 유혹, 즉 빵을 만들라는 유혹과 같다. 군중의 요구는 현세의 물질적인 요구를 해결하라는, 곧 현세를 위한 임금이 되라는 유혹이다. 따라서 이것은 영원한 생명을 주시려고 오신 예수님의 본래 사명을 거스르는 유혹이다. 그래서 예수님께서는 이런 유혹을 물리치시고 혼자서 산으로 물러가셨다.

그러자 빌라도가 예수님께 말하였다. "나에게 말을 하지 않을 작정이오? 나는 당신을 풀어 줄 권한도 있고 당신을 십자가에 못 박을 권한도 있다는 것을 모르시오?"(요한 19, 10)

예수님께서는 공생활을 통해 오로지 하느님 나라만을 선포하셨으며, 우리에게 영원한 생명에 이르는 길을 알려주셨다. 이렇게 영적인 삶을 살도록 인도하시는 예수님께, 악마는 예수님의 목숨이 하느님이 아닌 인간 빌라도의 손에 달려 있는 것처럼 권한에 복종하라고 유혹하였다. 이 유혹은 광야에 계신 예수님께 온 세상을 보여주면서 자기에게 절하면 세상 것을 다 주겠다고 했던 악마의 유혹과 같다. 예수님께서는 빌라도의 이 요구에, 네가 위로부터 받지 않았으면 나에 대해 아무런 권한도 없었을 것이다.(요한 19, 11)라며 물리치셨다.

지나가던 자들이 머리를 흔들어 대며 예수님을 모독하면서 이렇게 말하였다. "성전을 허물고 사흘 안에 다시 짓겠다는 자야, 너 자신이나 구해 보아라. 네가 하느님의 아들이라면 십자가에서 내려와 보아라."(마태 27, 39-40)

세 번째 유혹은 예수님께서 십자가 위에서 숨을 거두시기 전 당신을 따르던 군중으로부터 받은 유혹이다. 네가 하느님의 아들이라면 십자가에서 내려와 보아라. 이는 광야에서 악마가 성전 꼭대기에서 몸을 던져보라 했던 유혹과 같다.

예수님께서는 광야에서, 그리고 공생활을 마치시기까지 악마의 유혹을 받으셨다. 하지만 그럴 때마다 악한 영들의 유혹이 하느님의 뜻을 따르지 못하게 하는 것임을 정확히 보시고 그 유혹을 단호히 물리치셨다. 철저하게 하느님의 뜻만 따르기 위해 악마를 물리치신 것이다. 이처럼 하느님을 섬기며 하느님의 뜻만 따라 살기로 마음을 먹고, 세속적으로 살라고 끊임없이 유혹하는 악마를 단호하게 물리치며 사는 것을 영적 식별의 삶이라고 할 수 있다. 깨어 기도하며 영적으로 살지 않으면 우리는 자신도 모르게 악마의 유혹에 넘어가 스스로를 섬기는 삶을 살며 파멸의 길에 이를 수 있다.

예수님을 유혹했던 악마는 '예수마음기도 40일 영성수련'의 마지막 시기에 같은 수법으로 피정자들을 유혹하는 장면을 볼 수 있다. 유혹은 다양한 모습을 띠지만 잘 살펴보면 하나같이 자기 자신을 위하고 하느님 섬기기를 거절하라는 것이다. 또는 자신을 위한 권력과 명예나 재물에 빠져서 이 유한한 세상에서 자신의 삶을 마치라는 유혹으로 나타난다. 하느님과 함께 영원히 사는 생명의 길을 가지 못하도록 막는 것이 이들의 가장 중요한 목적이기 때문이다.

예수님께서
악마를 물리치신 사례들

악마는 예수님께서 광야에서 40일간 단식기도 하실 때도 유혹을 하였고 공생활 중에도 사람들을 통해 예수님을 유혹했다. 그 유혹의 내용은 하느님을 섬기는 영적인 생활을 하지 못하게 하고 세속적으로 살게 하며 현세적인 것에 맛들이게 하는 유혹이다. 예수님께서는 그런 악마에게 하느님만을 섬겨야 된다고 하시며 악마의 유혹을 단호히 물리치셨다.

예수님께서 악마를 물리친 사례들을 보면 악마는 사람 안에 들어와 온갖 행패를 부리고 자신을 가해하게 한다. 예수님께서는 이런 악마에게 더러운 영아, 그 사람에게서 나가라.(마르 5, 8) 하고 명령하시며 내쫓아주셨다. 그러므로 우리도 악마의 유혹에 두려워하거나 떨지 말고 '주 예수그리스도의 이름으로 명령한다. 악마야 물러가라!'라고 해야 한다. 이는 예수님께서 제자들에게 악마를 물리치는 권한을 주셨고 우리도 악마를 물리치는 권한을 받았기에 그렇게 할 수 있는 것이다.

악마가 우리에게 접근할 때는 성경에서 볼 수 있는 것처럼 다양한 모습으로 유혹하며 다가온다. 악마의 유혹에 빠지게 되면 교만해지고 남을 속이거나 깊은 우울에 빠지기도 하고 자살에 이르게까지 한다. 이외에도 우리를 파멸로 몰고 가는 것이 악마의 목적이다. 곧 인간으로 하여금 하느님이 아닌 다른 것에 눈을 돌리게 하여 하느님과 대적하게 하고 하느님으로부터 우리를 갈라놓으려고 한다. 악마는 영원한 생명이 아닌 죽음을, 하느님 나라가 아닌 세상 것에 맛들이게 하여 우리가 영적인 존재이고 하느님의 자녀임을 깨닫지 못하도록 한다. 따라서 악마의 움직임을 주의 깊게 살피고, 그런 유혹이 있을 때는 예수님께서 주시는 권한으로 물리치는 기도를 드려야 한다.

다음의 성경 말씀은 예수님께서 악마를 물리치는 장면이다.

1. 예수님께서는 갖가지 질병을 앓는 많은 사람을 고쳐주시고 많은 마귀를 쫓아내셨다. 그러면서 마귀들이 말하는 것을 허락하지 않으셨다. 그들이 당신을 알고 있었기 때문이다.(마르 1, 34)

2. 그런 다음 예수님께서 호통을 치시자 아이에게서 마귀가 나갔다. 바로 그 시간에 아이가 나았다.(마태 17, 18)

3. 더러운 영아, 그 사람에게서 나가라.(마르 5, 8)

4. 악령과 병에 시달리다 낫게 된 몇몇 여자도 그들과 함께 있었는데, 일곱 마귀가 떨어져 나간 막달레나라고 하는 마리아, 헤로데의 집사 쿠자스의 아내 요안나, 수산나였다.(루카 8, 2)

5. 예수님께서 벙어리 마귀를 쫓아내셨는데, 마귀가 나가

자 말을 못하는 이가 말을 하게 되었다.(루카 11, 14)

6. 그분의 소문이 온 시리아에 퍼졌다. 그리하여 사람들이 갖가지 질병과 고통에 시달리는 환자들과 마귀 들린 이들, 간질 병자들과 중풍 병자들을 그분께 데려왔다. 예수님께서는 그들을 고쳐주셨다.(마태 4, 24)

7. 저녁이 되자 사람들이 마귀 들린 이들을 예수님께 많이 데리고 왔다. 예수님께서는 말씀으로 악령들을 쫓아내시고, 앓는 사람들을 모두 고쳐주셨다.(마태 8, 16)

8. 예수님께서 그에게 "조용히 하여라. 그 사람에게서 나가라." 하고 꾸짖으시니, 더러운 영은 그 사람에게 경련을 일으켜 놓고 큰 소리를 지르며 나갔다.(마르 1, 25-26)

다음의 성경 말씀은 예수님께서 제자들에게 악마를 물리치는 권한을 주신 내용들이다.

1. 어찌하여 저희는 그 마귀를 쫓아내지 못하였습니까?
   (마태 17, 19)

   그러한 것은 기도가 아니면 다른 어떤 방법으로도 나가

게 할 수 없다.(마르 9, 29)

2. 예수님께서는 열두 제자를 불러 모으시어, 모든 마귀를
   쫓아내고 질병을 고치는 힘과 권한을 주셨다.(루카 9, 1)

3. 예수님께서 열두 제자를 가까이 부르시고 그들에게 더
   러운 영들에 대한 권한을 주시어, 그것들을 쫓아내고 병
   자와 허약한 이들을 모두 고쳐주게 하셨다.(마태 10, 1)

4. 일흔두 제자가 기뻐하며 돌아와 말하였다. '주님, 주님
   의 이름 때문에 마귀들까지 저희에게 복종합니다.'
   (루카 10, 17)

5. 믿는 이들에게는 이러한 표징들이 따를 것이다. 곧 내
   이름으로 마귀들을 쫓아내고 새로운 언어들을 말하며,
   손으로 뱀을 집어 들고 독을 마셔도 아무런 해도 입지 않
   으며, 또 병자들에게 손을 얹으면 병이 나을 것이다.(마르
   16, 17-18)

사막의 성 안토니우스에 따른 악마의 표지

사막의 성 안토니우스는 초세기에 살았던 수도승 생활의 모델로 불리운다. 그는 사막에서의 삶을 통해 악마를 물리치는 체험을 하였고, 우리에게도 그 가르침을 주었다. 성 안토니우스는 복음의 말씀을 듣고 곧장 순종했으며 늘 성경을 신뢰하고 거기서 영감을 받고 악령과 싸울 힘을 얻었다고 한다.

✤ 악한 영들의 현존 표지[3]

1. 악한 영들의 난입과 소란한 출현은 버릇없는 아이들이 지

나갈 때나 약탈자들이 다가올 때처럼 소음과 소란과 아우성을 동반합니다.

2. 생각으로 혼란해지고 무너진 영혼은 두려움과 불안에 사로잡힙니다. 이 영혼은 금욕 생활을 하는 사람들을 싫어하고 낙담, 근심, 가족에 대한 그리움, 죽음에 대한 두려움을 느낍니다. 그런 다음 악한 것들에 대한 갈망, 덕에 대한 냉담, 행동에서 불안을 느낍니다.

⁜ 악령들은 우리를 속이려 한다[4]

1. 교활한 악령들은 변신하여 온갖 종류의 모습을 취할(2코린 11, 14 참조) 준비가 되어 있습니다. 그들은 종종 모습을

---

3) 알렉산드리아의 아타나시우스 · 안토니우스, 허성석 옮김, 『사막의 안토니우스』, 분도출판사, 2015년, p.105. 36, 1-2.
4) 위의 책, 『사막의 안토니우스』, p.92. 25, 1-5.

드러내지 않고 시편을 노래하는 척하며 성경 말씀을 인용합니다.(마태 4, 1-11 참조)

2. 때때로 우리가 성경을 읽을 때, 메아리처럼 즉시 우리가 읽은 말씀들을 반복하곤 합니다. 그리고 종종 우리가 잠을 잘 때 우리를 깨워 기도하게 합니다. 그들은 우리가 잠을 못 자게 하려고 계속 그렇게 합니다.

3. 또 어떤 때는 수도승의 모습을 하고, 우리와 비슷한 모습을 통해 우리를 속이기 위하여 신앙을 지닌 사람들처럼 이야기합니다. 그러고서는 속임수의 희생자들을 자기들이 원하는 곳으로 끌고 갑니다.

4. 그러나 그들이 우리를 기도하라고 깨우거나 전혀 먹지 말라고 권고할 때도 그들의 말에 주의할 필요가 없습니다. 그리고 우리가 한때 범한 잘못들에 대해 잘 알고 있다며 우리를 고발하고 비난하려 할 때도 그렇습니다. 그들은 하느

님에 대한 사랑이나 진리에 대한 사랑 때문이 아니라 단순한 사람들을 절망하게 하여 금욕수행이 무익하다고 단언하게 하려고 이렇게 하는 것입니다.

5. 사람들로 하여금 은수생활이 버겁고 힘든 것으로 여기게 하면서 그 삶을 혐오하게 하고 자기들에 맞서 싸우는 삶을 사는 사람들을 걸려 넘어지게 하려는 것입니다.

⁜ 미래를 예언하는 척하는 악령들[5]

1. 악령들이 미래를 예언하는 척해도 그것에 눈길을 주어서는 안 됩니다. 사실 종종 그들은 여러 날 전에 형제들이 우리를 찾아올 것이라고 말합니다. 그리고 정말로 그들이 도착

---

5) 같은 책, 『사막의 안토니우스』, p.99. 31. 1-2.

합니다. 악령들이 그렇게 하는 것은 자기들 말을 듣는 사람을 걱정해서가 아닙니다. 자기를 신뢰하도록 사람들을 설득해 수중에 그들이 들어오면 파멸시키기 위해서입니다.

2. 그러므로 그들의 말에 주의를 기울일 필요가 없고, 그들이 우리에게 말을 할 때도 그들을 쫓아버려야 합니다. 이런 종류의 예언은 우리에게 필요 없기 때문입니다.

사막의 성 안토니우스가
악마의 유혹을 이긴 방법

❖ 악령들을 이긴 방법[6]

1. 한번은 악령이 지극히 높으신 분으로 나에게 나타나 감히 이렇게 말했습니다. '나는 하느님의 힘이다.'(사도 8, 10 참조) 또 '나는 섭리다. 내가 너에게 무엇을 선물하기를 바라느냐?'

---

6) 같은 책, 『사막의 안토니우스』, p.110. 40, 1-6.

2. 그러자 나는 그리스도의 이름을 부르면서 악령에게 더 힘껏 숨을 내뱉었고 그를 치려고 노력했습니다. 내게는 그를 친 것처럼 보였습니다. 즉시 그는 그리스도의 이름으로 함께 온 모든 악령과 함께 사라졌습니다.

3. 한번은 내가 단식을 하고 있는 동안 찾아왔습니다. 그 교활한 자는 수도승의 모습을 하고 있었고 빵을 가지고 와서 이렇게 말하며 나에게 권유했습니다. '먹어라! 너의 고된 노고를 중단해라, 너 역시 인간이다. 너는 힘을 잃을 것이다!'

4. 그러나 나는 그의 간계를 알아차리고 일어나 기도했습니다. 그 악령은 저항할 수 없었고 연기처럼 문을 빠져나가면서 완전히 사라졌습니다.(시편 37, 20 참조) 몇 번이나 사막에서 악령은 황금의 환영으로 나에게 나타났는지요. 오로지 내가 그것을 만지고 그것을 보게 하려는 것이지요.

5. 그러나 내가 그를 대적해 시편을 외우자 그는 사라졌습

니다. 몇 번이나 나를 때려 압도했고, 내가 '아무것도 그리스도에 대한 사랑에서 나를 떼어놓을 수 없다.'(로마 8, 35-39 참조)고 말하자 악령들은 여전히 더 때렸습니다.

6. 그러나 그것을 멈추게 하고 그것을 극복한 것은 내가 아니라 주님이셨습니다. 주님은 말씀하십니다. "나는 사탄이 번개처럼 하늘에서 떨어지는 것을 보았다."(루카 10, 18). 내 아들들이여, 여러분이 금욕수행에 낙담하지 않고 악마와 그의 악령들의 출현에 두려워하지 않는 법을 배우게 하려고 '나는 이것들을 적용시켜 말했습니다.'(1코린 4, 6 참조)라는 사도의 말씀을 명심하십시오.

⁘ 악령 들린 또 다른 사람을 치유하다[7]

1. 악령에 사로잡힌 명문가의 사람이 안토니우스에게 왔습니다. 그 악령은 그가 안토니우스에게 가고 있다는 것도 모

르게 하고, 심지어 자기 배설물을 게걸스럽게 먹어치우게 할
정도로 무시무시했습니다.

2. 그를 데려왔던 사람들은 안토니우스에게 그를 위해 기
도해달라고 간청했습니다. 안토니우스는 그 젊은이를 측은
히 여겨 기도했고 그와 밤을 꼬박 새웠습니다.

3. 동이 틀 무렵 갑자기 그는 안토니우스를 공격했고 그에
게 몸을 던졌습니다. 동행했던 사람들은 화가 치밀었지만 안
토니우스는 말했습니다. "이 젊은이에게 화내지들 마시오.
이 짓을 한 것은 그가 아니라 그 안에 있는 악령입니다.

4. 주님께서 악령을 꾸짖어 물 없는 장소(루카 11, 24 참조)로
물러가라고 명령했기 때문에 성을 내며 그렇게 했던 것이지

---

7) 같은 책, 『사막의 안토니우스』, p.138. 64, 1-5.

요. 그러므로 주님께 영광을 드리십시오.(1코린 6, 20 참조) 그 젊은이가 나를 들이받았던 것은 악령이 그에게서 나갔다는 표시지요."

5. 안토니우스가 그렇게 말하자 그 청년은 즉시 치유되었습니다(요한 5, 9 참조). 그는 제정신으로 돌아와 자신이 어떤 상태였는지 알았고 하느님께 감사드리면서 안토니우스를 포옹했습니다.

예수마음기도와
악마의 유혹

하느님은 우리를 지어 만드신 창조주이시고 영이시며 우리의 아버지이시다. 그러므로 그분의 자녀인 우리도 영적인 존재이다. 예수님께서는 이 세상에 오셔서 영적으로 참되게 기도를 드려야 하느님을 만날 수 있다고 말씀해주셨다. 우리가 하느님 아버지를 만나 뵈려면 영적으로 기도를 해야 한다. 영적인 세계에는 우리를 하느님 아버지께 가지 못하게 방해하는 악마가 존재한다. 예수님께서는 악마의 유혹에 넘어가지 않도록 가르침을 주셨다. 그러나 우리가 기도를 하지 않으면 이런 악마의 움직임과 유혹들을 알아차릴 수가 없다.

예수마음기도 40일 영성수련의 여정은 '마음의 여정'과 '영혼의 여정'으로 구별할 수가 있다. 우리의 감정, 지성, 의지가 동원되는 마음의 여정은 30여 일이 걸린다. 이 마음의 여정에서 하느님을 깊이 만나는 체험이 마음의 여정 끝자락에서 이루어진다. 이렇게 깊이 하느님의 현존 체험을 하고 나면 즉시 악마가 우리를 심하게 유혹한다. 악마가 우리의 영혼이 하느님께 가지 못하게 하려는 이유 때문이다. 이러한 영혼의 여정은 성령에 의해 인도되지만 악마의 유혹을 받는 여정이기도 하다. 이 시기 악마의 유혹을 물리치는 데 대략 5일~6일이 소요된다. 이 여정에서 피정자는 기도에 더 많은 정성을 들이며 바로 지금 현재에 깨어 기도드림으로써 유혹에 빠지지 않도록 해야 한다.

이 영혼의 여정에서 악마는 수단과 방법을 가리지 않고 피정자가 하느님께 나아가는 것을 방해한다. 우리가 영원히 하느님과 함께 사는 영적인 삶을 살지 못하게 하는 것이 악마의 유일한 목적이기 때문이다. 그러므로 피정자는 내면의 움직임을 알아차리면서 적극적으로 유혹에 맞서야 한다. 예수님께서도 광야에서 40일간 단식기도하시며 악마의 유혹을 물리치셨다. 우리는 예수님께서 어떻게 악마의 유혹을 물리치셨는지 복음서를 통해 배울 수 있다.

'사막교부들의 경험에 따르면 악령은 초심자에게 나타나지 않는다.'[8]고 한다. 그래서인지 예수마음기도 영성수련 40일 피정을 마쳐갈 무렵에 악마가 극심하게 달려드는 것을 볼 수 있다. 악마는 온갖 분심과 생각들, 미래 계획과 근심 걱정들을 일으켜 하느님께 나아가지 못하게 방해를 한다. 이렇게 악마가 집요하게 달려드는 것을 이겨내야 하는 것은 영적으로 새로운 생명을 얻기 위해서다.

---

8) 같은 책, 『사막의 안토니우스』, p.30 참조.

예수마음기도 40일
영성수련 안에서의 악마의 유혹

❖ 40일 기도 안에서의 악마의 유혹과 기도 방법

| 악마는 우리에게 구체적으로 위대한 일을 하도록 유혹한다. |

소심하고 두려움 많은 영혼에게 악마는 갑자기 힘을 불어 넣어주고 용기를 주면서 무슨 일이든지 할 수 있다고 과신하게 한다. '오상을 받으라.'라고 하거나 '나는 너의 피를 원한다.'라고 하면서 예수님께서 직접 자신에게 이런 위대한 일을 명하신다고 믿게 한다. 피정자들은 이런 유혹에 넘어가

자신의 몸에 못을 박는 행동이 상상으로 펼쳐지기도 한다. 더불어 극심한 통증을 느끼며 하느님을 위해서 이런 고통을 당하는 것이 기쁘다는 생각을 한다.

✚ 기도 : 이러한 유혹을 받을 때 피정자는 악마에게 '하느님은 절대로 그렇게 구체적으로 무엇을 하라고 명령하시지 않는다.' 하고 단호히 물러가라고 호통을 친다. 악마는 자신의 정체가 드러나면 즉시 사라진다. 이런 유혹자들이 떠나가지 않으면 떠날 때까지 계속하여 물리치는 기도를 바친다. 그리고 조용해졌을 때 다시 '예수님 사랑합니다.' 하는 단순 기도를 바친다.

그러므로 하느님께 복종하고 악마에게 대항하십시오. 그러면 악마가 여러분에게서 달아날 것입니다.(야고 4, 7)

| **악마는 선동적으로 부추기며 좋은 일인 것처럼 가장해서 유혹한다.** |
어떤 사람에게는 허황된 일을 하도록 부추기며 유혹한다.

한 가지 예를 들면, 기도 중 뜬금없이 북한사람들이 하느님을 알지 못하는 것에 대해 안타까움을 갖게 한다. 악마는 당장 북한에 가서 복음을 전하라는 메시지를 그 사람의 마음에 불러일으킨다. 이 일을 위해서는 돈이 필요하다는 생각과 함께 후원금 마련을 위한 이러저러한 방법을 궁리하게 한다. 그리고 지금 당장 이 일을 시행하도록 부추기며 선동한다. 악마는 그것이 마치 하느님의 위대한 뜻인 양 가장하여 유혹한다.

✚ 기도 : 이러한 유혹을 알아차렸을 때는 즉시 악마를 향해 '당장 물러가라!'고 호통을 쳐야 한다. 성령께서는 늘 우리와 함께하시면서 어떤 큰일을 하지 않아도 우리를 사랑해주시고 생명과 평화를 주신다는 것을 확신해야 한다. 그러므로 이러한 유혹을 단호히 물리치면서 유혹에 빠져들거나 따라가지 않도록 깨어 지속적으로 단순기도를 바쳐 나가야 한다.

또 악마에게 붙잡혀 그의 뜻을 따르던 그들이 정신을 차려 악마의 올가미에서 벗어날 수도 있습니다.(2티모 2, 26)

| **악마는 피정 지도자를 불신하게 하여 따르지 못하게 한다.** |

악마는 피정을 안내하는 영적 지도자가 정말 나를 잘 인도하고 있는 것일까 하는 의심을 하게 하며 자신이 훨씬 더 영적인 것을 잘 알고 있다는 생각이 들게 한다. 이런 자만심을 불러일으키고 기도에 충실하려는 마음을 앗아가며 급기야 피정을 중단하고 싶은 마음마저 들게 한다.

✚ 기도 : 피정 지도자를 불신하게 하는 악마에게 '우리를 지도하는 분은 하느님 한 분뿐이시다. 이 일은 네가 상관할 바가 아니다.'라고 하며 단호하게 물리쳐야 한다. 성령께서 우리를 인도하실 수 있도록 이런 의심이 들 때마다 물리치며 단순기도를 계속한다.

보호자, 곧 아버지께서 내 이름으로 보내실 성령께서 너희에게 모든 것을 가르치시고 내가 너희에게 말한 모든 것을 기억하게 해주실 것이다.(요한 14, 26)

악마는 과거에 겪은 상처에 대해 복수심을 일으킨다.

악마는 아직 용서하지 못한 과거의 어떤 억울한 사건이 떠올랐을 때 지금 당장 그 상대에게 복수해야 한다고 부추길 수가 있다. 그리고는 이렇게 복수하는 것이 정당하다고 유혹한다.

✚ 기도 : 악마가 부추기는 대로 복수하려고 하지 말고 이런 보복하고 싶은 마음의 상태를 기도로 바친다. '예수님, 제가 이 원수를 용서하기가 너무도 힘듭니다. 제 힘으로는 도저히 용서할 수 없습니다.' 이렇게 예수님께 자신의 아픔을 간절히 기도드리되 성령께서 용서할 수 있는 마음을 주실 때까지 기도를 드린다. 그리고 마음이 가라앉으면 다시 단순 기도로 되돌아간다.

악을 악으로 갚거나 모욕을 모욕으로 갚지 말고 오히려 축복해주십시오. 바로 이렇게 하라고 여러분은 부르심을 받았습니다. 그것은 여러분이 복을 상속받게 하려는 것입니다.

(1베드 3, 9)

| 악마는 하느님께 일생 자신을 바치는 성소의 길을 가지 못하도록 유혹한다. |

하느님을 따르고자 성소의 길을 잘 가고 있는 영혼에게 피정 중에 성소에 대한 의심을 품게 하거나 잘못 선택한 삶이라는 분심을 일으키며 혼란스러움과 실망감을 줄 수가 있다. 그리고 자신이 이러한 부르심의 삶을 살기에는 너무도 부적절하다는 느낌을 갖게 하며 지금 당장 결정을 내리도록 부추긴다.

✚ 기도 : 하느님께서 자신을 불러주셨을 때를 기억하며 '피정 중에는 성소에 대해 결정하는 것이 아니다.'라고 하며 이 유혹을 물리친다. 그리고 단순기도로 되돌아가 오롯

하게 지금 현재 기도드리는 것에만 온 마음을 다한다.

> 보아라. 내가 선택한 나의 종 내가 사랑하는 이, 내 마음
> 에 드는 이다. 내가 그에게 내 영을 주리니 그는 민족들에
> 게 올바름을 선포하리라.(마태 12, 18)

| 악마는 기도에 흥미를 잃게 하여 기도를 방해한다. |

악마는 갑자기 지금까지 기도한 것에 대한 의심과 현재 기
도하는 의미를 잃게 한다. 그리고 더 이상 기도를 하지 못하
도록 무기력하게 만들거나 기도하는 것을 지루하게 만들어
졸음에 빠지게 한다.

✚ 기도 : 이럴 때일수록 마음을 다해 단순한 기도를 정성
껏 드리도록 한다. 때로는 일어나 걸으면서 다시 마음을 가
다듬고 '예수님, 사랑합니다.'라는 기도를 1초도 남김없이 바
친다. 또한 기도 시간을 연장해서 이런 마음이 더 이상 들지
않을 때까지 지속적으로 기도를 바친다. 바로 지금 정성을

다해 하느님께 기도를 드리도록 한다.

그러나 진실한 예배자들이 영과 진리 안에서 아버지께 예배를 드릴 때가 온다. 지금이 바로 그때다. 사실 아버지께서는 이렇게 예배를 드리는 이들을 찾으신다.(요한 4, 23)

| 악마는 미래 계획의 분심으로 현재기도를 바치지 못하게 한다. |

악마는 미래에 대한 막연한 걱정 즉 노후의 삶, 건강, 죽음 등에 대한 대책을 세우도록 여러 가지 구체적인 생각을 일으킨다. 그리고 지금 당장 이런 계획을 세우지 않으면 안 될 것 같은 걱정을 하게 하며 마음을 산란하게 만든다. 때로는 이런 미래분심이 정신을 차리지 못할 만큼 극심하게 밀려든다.

✚ 기도 : 현재기도를 하지 못하도록 마구 들이닥치는 미래분심들은 오는 대로 바로 즉시 그리고 단호하게 물리쳐야 한다. 또한 이런 분심들은 지속적으로 밀려들기 때문에 이 분심들이 떠나갈 때까지 힘을 다해 기도해야 한다. 그리고 지

금 현재 깨어 기도하는 것이 얼마나 중요한지를 되새기며 미래분심을 향해 '나는, 지금 하느님께 기도드리고 있으니 물러가라.' 하며 물리치고 단순기도에 머문다.

너희는 먼저 하느님의 나라와 그분의 의로움을 찾아라. 그러면 이 모든 것도 곁들여 받게 될 것이다. 그러므로 내일을 걱정하지 마라. 내일 걱정은 내일이 할 것이다. 그날 고생은 그날로 충분하다.(마태 6, 33-34)

│ 악마는 신체에 이상 증상을 일으키며 나타날 수 있다. │

피정을 하는 도중에 갑자기 신체에 통증을 일으키거나 한쪽 팔의 마비, 혹은 눈에 충혈을 일으켜 근심 걱정에 빠지게 한다. 이렇게 신체에 이상 증상을 유발하여 피정자로 하여금 여러 가지 의혹과 걱정으로 현재기도를 하지 못하도록 하는 것이다.

✚ 기도 : 이럴 때는 영적 지도자에게 말씀드리고 병원에서

진료를 받으면 된다. 그리고 이러한 분심이 계속되면 과감하게 물리치고 하느님께 전적으로 의지하면서 하느님의 뜻에 맡기는 기도를 드려야 한다. 악마는 어떻게 해서든지 지금 현재 기도하지 못하도록 막는다. 따라서 이런 악마의 유혹을 하찮게 여기고 이상 증상을 걱정하는 마음을 물리치고 조용하게 기도에 집중하는 자세가 요구된다.

그분께서는 고난을 겪으시면서 유혹을 받으셨기 때문에, 유혹을 받는 이들을 도와주실 수가 있습니다.(히브 2, 18)

| 함께 피정하는 사람들이나 주변 환경에 대해 불평을 늘어놓는다. |

이 시기에 악마의 유혹으로 인해 평소와는 달리 함께 피정하는 사람들의 행동에 유난히 민감하게 반응하기도 한다. 기도에 집중하지 않고 다른 사람들의 일거수일투족 행동을 관찰하는 관찰자로 변하여 부정적으로 바라보고 화를 내며 불평한다. 이런 마음의 움직임들은 너무나도 실제 상황과 맞물려 있기 때문에 악한 영의 움직임이라는 것을 알아차리는 것이 어렵다.

✚ 기도 : 이럴 때는 '나는 하느님을 만나려고 기도하러 왔지 함께 기도하는 피정자들의 잘잘못에 시비를 가리려 온 것이 아니다.'라고 하며 이런 유혹을 기도로써 물리친다. 기도 시간을 늘리고 이런 유혹에 잠깐이라도 머물지 않도록 끊임없이 물리쳐야 한다.

우리의 전투 상대는 인간이 아니라, 권세와 권력들과 이 어두운 세계의 지배자들과 하늘에 있는 악령들입니다.

(에페 6. 12)

예수마음기도 40일
영성수련 안에서의 영적 권고

| 모든 유혹들을 매일 면담 시간에 낱낱이 영적 지도자에게

이야기한다. |

예수마음기도 40일 영성수련을 할 때는 매일 면담을 한다. 특히 제 5 여정인 식별의 단계에서 유혹을 겪을 때는 하루 동안에 일어났던 온갖 유혹을 낱낱이 이야기한다. 그리고 그 마음의 상태가 유혹인지 혹은 하느님으로부터 오는 은총인지 지도자와 함께 식별한다. 악마는 하느님을 섬기지 말고 자신을 섬기도록 계속 유혹을 하는데 그 유혹이 너무나 현실적이고 그럴듯하게 느껴지게 하므로 반드시 기도와 면담을 통해 식별해야 한다.

| 매 순간 끊임없이 기도드리며 오로지 하느님의 현존 안에 머무르려고 노력해야 한다. |

식별의 제 5 여정에서는 한순간도 놓치지 않고 '예수님 사랑합니다.' 하는 단순기도문으로 끊임없이 기도한다. 악마가 온갖 소리로 유혹할 때 이런 유혹을 과거, 현재, 미래로 구분해서 물리친다. 심한 미래분심의 유혹에는 '나는 지금 기도 중이야, 미래는 네가 관여할 바가 아니다.' 하고 물리친다. 기도를 방해하는 현재분심은 바로 알아차려 보내도록 한다. 그리고 과거의 어떠한 기억에 머물고 싶은 마음의 애착도 즉시 떠나보내야 한다. 이런 유혹이 더 이상 오지 않게 될 때까지 기도해야 한다.

| 감실 앞에서 오랜 시간 머물면서 악마의 유혹을 물리치는 기도를 바친다. |

악마가 우리를 유혹할 때는 온갖 방법으로 심하게 유혹하기 때문에 마치 날벌레들이 달려들 듯이 정신을 못 차리게 한다. 이럴 때는 조용히 감실 앞에 긴 시간 동안 앉아서 다가오는 유혹들을 모두 물리치되 그 유혹들이 어떤 것인지 보는 것은 유익하다. 그러나 자칫 그 유혹에 빠져서 이리저리 끌려 다니게 되므로 이런 움직임들을 빨리 알아차리고 다시 단순기도를 바치며 물리친다. 이런 분심이나 유혹들은 막바지에 온갖 방법으로 피정자를 괴롭히기 때문에 하느님께서 함께 해주시도록 기도를 바치며 오랜 시간 이 유혹자들과 싸움을 해야 한다.

| 악마의 유혹을 모기보다 못한 것으로 여기며 무시한다. |

악마가 우리를 위협할 때는 커다란 두려움을 불러일으키지만 실제로 악마는 힘이 없다. 그래서 악마의 이런 정체를 알고 악마를 모기만도 못한 존재로 여기며 '하찮은 것들은 물러가라.'라고 하며 상대하지 않도록 한다. 또한 구체적으로 유혹하는 악마에게 '너는 독 안에 든 쥐다.'라고 강하게 악마의 존재 자체를 무시해야 한다. 악마는 이런 말만으로도 물러갈 수밖에 없는 것들이기 때문이다.

| '걷는 기도'를 하여 악마의 유혹을 물리친다. |

온갖 잡다한 생각으로 기도를 하지 못하게 방해를 받을 때
는 걸으면서 하는 기도가 도움이 된다. 걸으면서 기도할 때
도 앉아서 기도할 때와 마찬가지로 지금 현재 유혹받는 모든
것들을 가차 없이 보낸다. 그리고 다시 단순기도를 바친다.

| 오관을 삼가는 기도를 바치며 유혹을 물리친다. |

이 시기에는 보고, 듣고, 냄새 맡고, 맛보고, 피부로 느끼
는 것 등 오관을 삼가면서 기도를 해나가야 한다. 하루에 한
끼 정도 단식하는 것도 기도에 도움이 된다. 또한 주변의 소
리나 시야에 들어오는 풍경 등에 마음을 빼앗기게 되면 현재
하느님께 머무는 기도에서 벗어나게 되므로 마음을 다해서
오로지 하느님께만 머무는 기도를 드리도록 한다.

| **치우치지 않는 마음이 되도록 한다.** |

악마는 피정하는 영혼에게 갑자기 큰 열성을 불러일으키면서 당장 예수님을 위해 큰 희생을 하고 싶은 원의를 일으키며 마음을 팽창시키기도 하고, 반면 그런 일은 하찮은 일이라고 하며 낙담과 실의에 빠뜨린다. 이런 유혹을 받을 때는 그 어느 쪽으로도 마음이 기울어지지 않도록 깨어서 기도를 드려야 한다. 성 이냐시오도 이런 경우에 중용과 평정을 지키라고 권고하였다.[9]

| **마음이 조용해지고 오롯하게 하느님께 향하는 마음이 될 때까지 기도드린다.** |

40일 여정에서 하느님과 일치의 여정에 이를 무렵 악마의

---

9) "영성생활에서 진보하고자 하는 영혼은 원수의 행동과는 반대되는 방법으로 처신해야 한다. 즉 원수가 영혼을 무디게 하려고 하면 더욱 민감해지도록 힘쓸 것이며 원수가 영혼을 극도로 심약하게 만들려고 하면 중용에 굳건히 머물고 모든 일에서 평정을 지키도록 노력할 일이다."
로욜라의 성 이냐시오, 정제천 옮김, 『로욜라의 성 이냐시오 영신수련』, 이냐시오 영성연구소, 2012년, p.143[350] 주 5.

유혹을 가장 심하게 받는다. 이때는 1초도 남김없이 기도를 드려야 한다. 그러한 기도를 통해 악마가 물러가고 나면 마음이 조용해지고 계속 하느님 안에 머물고 싶은 마음이 생긴다. 또한 그렇게 지루하게 느껴지던 기도 시간이 순식간에 지나가며 몇 시간이고 앉아서 집중적으로 기도할 수 있게 된다. 이러한 마음의 상태가 될 때까지 기도를 드린다.

일상생활 안에서 악마의 유혹과 악마를 물리치는 기도

어떤 사람들은 세속적인 것을 성취하기 위해 기도를 하고 미사에 참석한다. 그러다 자신이 원하는 것이 이루어지지 않을 경우 더는 성당에 나가지 않고 기도도 하지 않으며 점집을 찾아가 점을 친다. 그리고 점쟁이가 무당 불러서 굿을 하라고 하면 굿을 하기도 한다. 이렇게 현세적인 것을 하느님께 들어달라고 기도를 하는 사람들에게 악마는 너무나 쉽게 유혹을 한다. 이러한 악마의 속임수에 빠져 따르게 되면 악마가 우리 안에 들어와 집을 짓고 살며, 우리를 하느님과 영영 떼어놓고 하느님께서 주시고자 하시는 선물을 받지 못하게 한다. 악마가 사람들에게 실제로 유혹하는 경우와 대처하는 기도 방법은 다음과 같다.

∴ 악마의 유혹과 기도 방법

| **기도를 방해한다.** |

그동안 열심히 잘해오던 기도를 못하게 방해한다. 기도하는 것을 무의미하게 여기며 미사참례와 성체조배도 하기 싫어하게 하고 그 시간에 잠을 자거나 TV만 보게 한다. 그동안 해오던 기도를 멀리하게 하며 성경 말씀에 대한 열정을 잃게한다.

✚ 기도 : 하느님의 도움 없이는 이러한 유혹을 물리칠 수가 없다. 이럴 때일수록 예수님께 이런 마음의 상태를 어린아이처럼 있는 그대로 다 말씀드리는 기도를 바친다. 그리고 나서 '예수님, 사랑합니다.'라는 단순기도를 정성껏 바친다. 하느님의 은총이 있어야만 이런 유혹을 물리칠 수 있다. 겸손하게 그

리고 경건하게 기도를 드리도록 노력한다.

> 그분의 계명을 지키는 사람은 그분 안에 머무르고, 그분께
> 서도 그 사람 안에 머무르십니다. 그리고 그분께서 우리 안
> 에 머무르신다는 것을 우리는 바로 그분께서 우리에게 주
> 신 성령으로 알고 있습니다.(1요한 3, 24)

| 지나치게 의무적으로 기도한다. |

악마는 신자들로 하여금 강박적으로 열심히 기도하게 한
다. 온갖 기도를 쉴 새 없이 바치는 것이 좋은 기도라고 한
다. 또한 악마는 기도를 필요로 하는 모든 사람들을 위해 의
무적으로 기도해야 된다는 마음을 심어주면서 이를 이행하
지 않을 때 벌을 받는다는 죄의식까지 심어준다. 그리고 계
속 자기 자신을 몰아세우고 기도를 더 많이 하지 않아서 집
안에 우환이 생기는 것이라고 연결 지어 생각하게 한다. 이
렇게 강박적으로 기도하게 되면 조용하게 오시는 성령도 알
아보지 못하게 된다.

✚ 기도 : 기도는 하느님을 만나는 것이라야 한다. 온갖 기도를 의무적으로나 형식적으로 하지 말고 마음을 다해 단순기도를 천천히 바치고 성경을 읽도록 한다. 그리고 기도 중에 자신의 아픔이나 어려움이 떠오르면 그 어려움을 그대로 다 하느님께 말씀드리는 기도를 바친다. 온 정성을 다해 기도를 바칠 때 성령께서 주시는 평온한 마음으로 기도하게 된다.

이와 같이, 성령께서도 나약한 우리를 도와주십니다. 우리는 올바른 방식으로 기도할 줄 모르지만, 성령께서 몸소 말로 다할 수 없이 탄식하시며 우리를 대신하여 간구해주십니다.(로마 8, 26)

| 매사에 자기 자랑을 한다. |

악마는 타인에게 자신을 드러내며 자랑하도록 부추기고, 타인에 대해서는 흉을 보며 비난하게 한다. 악마의 이러한 유혹에 넘어가 자신이 모든 일을 얼마나 잘하는지 자랑하게 된다.

✚ 기도 : 가장 중요한 것은 자신이 얼마나 이기적이고 자기 자랑만 하는지 알아차리는 것이다. 우리가 받은 것은 모두 하느님께서 주신 것이다. 그러므로 하느님께 이 모든 영광을 돌려야 함을 인식해야 한다. 기도를 통해서 하느님을 만나게 되면 하느님과 다른 사람 앞에 겸손한 마음이 되어 하느님께 영광을 드리게 된다.

누가 그대를 남다르게 보아줍니까? 그대가 가진 것 가운데에서 받지 않은 것이 어디 있습니까? 모두 받은 것이라면 왜 받지 않은 것인 양 자랑합니까?(1코린 4, 7)

| 거짓말을 거침없이 한다. |

악마에게 유혹을 받는 사람들은 아무 거리낌 없이 그럴 듯한 거짓말로 타인을 속인다. 그리고 자기기만에 빠져 진실한 삶을 살지 못한다. 이런 모습이 자신 안에 있다는 것을 알아차리지 못하게 만드는 것이 악마의 유혹이다.

✚ 기도 : 여기서 중요한 것은 기도를 통해서 내 안에 속임수를 쓰고 과대 포장하는 것이 있다는 것을 알아내는 일이다. 거짓말을 할 때 얼른 알아차리고 '이런 거짓말은 악마가 나를 유혹하는 것이다.'라고 분별하며 이에 따른 행동을 하지 않도록 노력해야 한다. 하느님께 대한 꾸준한 기도로 악마의 유혹을 물리치고 악마가 더 이상 내 안에서 활동할 수 없도록 단호하게 거절하는 습관을 길러야 된다. 그리고 단순기도를 끊임없이 바치며 하느님의 영이 내 안에서 역사하실 수 있도록 그분 안에 머무는 기도를 바친다.

너희는 너희 아비인 악마에게서 났고, 너희 아비의 욕망대로 하기를 원한다. 그는 처음부터 살인자로서, 진리 편에서 본 적이 없다. 그 안에 진리가 없기 때문이다. 그가 거짓을 말할 때에는 본성에서 그렇게 말하는 것이다. 그가 거짓말쟁이며 거짓의 아비기 때문이다. (요한 8, 44)

| **자살 충동을 일으킨다.** |

아무도 자신을 알아주는 이가 없다는 생각에 사로잡히게 하여 외롭고 고독하게 만든다. 악마는 우리의 내면으로 들어가 스스로에게 실망하게 만들며 심지어 자살하고 싶은 마음마저 일으킨다. 또한 심한 욕설과 비난을 하며 주위 사람들을 괴롭힌다. 악마는 가장 약할 때 들어와서 이렇게 충동을 일으키며 죽음을 택하도록 유혹한다.

✚ 기도 : 이러한 상태에 빠지게 되면 악마의 유혹임을 알아차리고 단호하게 물리친다. 하느님께 이런 처지에 있는 자신을 구해달라고 간청하며 자살 충동이 일어날 때마다 있는 힘을 다해서 주님의 기도를 바치고 도움을 청하는 기도를 한다. 특히 '우리를 유혹에 빠지지 말게 하시고 악에서 구하소서!'를 매 순간 바치며 하느님의 은총을 청하는 기도를 한다.

진정 여러분이 자녀이기 때문에 하느님께서 당신 아드님의 영을 우리 마음 안에 보내주셨습니다. 그 영께서 "아빠! 아

버지!" 하고 외치고 계십니다.(갈라 4, 6)

폭력적인 행동을 하게 한다.

어떤 사람들은 남편이나 부인에게 혹은 자식이나 이웃에게 아주 심한 폭력을 쓰기도 한다. 악마는 개인이 가지고 있는 아픔이나 절망을 이용해서 타인들에게 무차별 공격을 가하며 이성을 잃게 하고 폭력을 휘두르게 한다.

✚ 기도 : 이러한 상태를 느낄 때는 악마의 유혹이라는 것을 알아차리고 단순기도로 이런 행동을 멈추도록 한다. 악마의 휘둘림에 넘어가지 않기 위해서는 이렇게 나를 부추겨서 폭력을 쓰게 하는 그 힘에게 '너 당장 나가!' 하며 단호하게 물리친다. 그리고 그런 감정에 따라가지 말고 이런 감정을 거절하는 행동을 취해야 한다. 그리고 하느님의 사랑을 믿으며 그 사랑 안에 머물기 위해 '예수님, 사랑합니다.' 하는 기도를 끊임없이 바쳐서 우리의 마음이 예수님의 마음과 같이 온유하고 겸손하게 되도록 기도를 드린다.

하느님의 사람이여, 그대는 이러한 것들을 피하십시오. 그 대신에 의로움과 신심과 믿음과 사랑과 인내와 온유를 추구하십시오.(1티모 6, 11)

| **이간질로 집안을 분열시킨다.** |

악마는 부모와 자식 그리고 형제들 간에 갈등을 불러일으키고 분열시킨다. 또한 부부와 일가친척들 간에 시기 질투로 서로 얼룩지게 한다. 특별히 악마는 사람들로 하여금 현세적인 재물에 집착하게 함으로써 분란을 일으키고 서로 등지게 만든다.

✚ 기도 : 예수님께서는 둘이나 셋이 모인 곳에 함께하신다고 하셨다. 함께 모여서 사는 가족들 사이에 이렇게 분란을 일으키는 것은 악마의 행동이다. 그러므로 이렇게 이간질하는 그 사람을 미워할 것이 아니라 그 사람 안에서 행동하고 있는 악마를 물리치기 위해 함께 모여서 기도를 드려야 한다. 하느님은 사랑 자체이시고 우리를 너무나 사랑하셔서 당신 자신까

지도 내어주셨다는 것을 믿고 그분께 축복을 받도록 기도를
바쳐야 한다.

형제 여러분, 나는 우리 주 예수 그리스도의 이름으로 여러
분에게 권고합니다. 모두 합심하여 여러분 가운데에 분열
이 일어나지 않게 하십시오. 오히려 같은 생각과 같은 뜻으
로 하나가 되십시오.(1코린 1, 10)

| 복수를 하게 한다. |

악마는 사람들로 하여금 자신에게 해를 끼친 사람에게 복
수를 하도록 강요한다. 그 분노의 감정으로 살도록 하며 복
수할 마음을 품게 한다.

✚ 기도 : 기도를 통해서 원수를 사랑하라는 예수님의 말씀
대로 자신의 마음이 선해질 때까지 기도를 드려야 한다. 우리
의 능력으로는 원수를 사랑할 수 없다. 하느님께 '저는 도저히
이 사람을 용서할 수가 없습니다.' 하고 기도를 드려야 한다.

이렇게 계속 하느님께 자신의 무능함을 말씀드릴 때 하느님께서 보내주시는 성령의 힘으로 용서할 수 있는 마음이 된다. 그러므로 하느님께서 용서할 수 있는 마음을 주실 때까지 기도를 드려야 한다.

사랑하는 여러분, 스스로 복수할 생각을 하지 말고 하느님의 진노에 맡기십시오. 성경에서도 "복수는 내가 할 일, 내가 보복하리라." 하고 주님께서 말씀하십니다.(로마 12, 19)

| 거짓 예언과 치유 |

어떤 이들은 교회 안에서 은사를 받았다고 하면서 다른 사람들이 무슨 병에 걸렸는지도 알아맞히고 병을 고쳐주겠다고 금전을 요구하기도 한다. 또한 장래에 무슨 일이 일어날지까지도 안다고 예언한다. 이렇게 사람들을 현혹시켜 악마의 속임수에 넘어가게 한다. 악마는 하느님 행세를 하며 자신을 섬기도록 우리를 속인다.

✚ 기도 : 자신이 예언과 치유의 은사를 받았다고 생각될 때는, 예수님께서는 하느님이심에도 불구하고 사람들의 병을 고쳐주시고 아무에게도 말하지 말라고 하신 것을 기억하며 성경 말씀으로 기도를 하여 성령의 은혜 가운데 식별할 수 있는 은혜를 청한다.

나에게 '주님, 주님!' 한다고 모두 하늘나라에 들어가는 것이 아니다. 하늘에 계신 내 아버지의 뜻을 실행하는 이라야 들어간다. 그날에 많은 사람이 나에게, '주님, 주님! 저희가 주님의 이름으로 예언을 하고, 주님의 이름으로 마귀를 쫓아내고, 주님의 이름으로 많은 기적을 일으키지 않았습니까?' 하고 말할 것이다. 그때에 나는 그들에게, '나는 너희를 도무지 알지 못한다. 내게서 물러들 가라, 불법을 일삼는 자들아!' 하고 선언할 것이다.(마태 7, 21–23)

권력의 유혹

저는 스무 살에 수녀원에 입회해서 수도 생활을 아주 열심히 했습니다. 그런데 나이 마흔이 지날 때쯤부터 가난하게 살아야겠다는 충동을 강하게 느끼기 시작했습니다. 열악하게 사는 사람들을 찾아다니면서 나도 이런 곳에서 살아야겠다는 확신이 생겼습니다. 당시 하고 있는 사도직에는 관심을 두지 않고, 앞으로 가난하게 살려면 어떻게 해야 할 것인가 모색하기에만 바빴습니다. 당연히 수도 생활에도 흥미를 잃었고 책임자에게도 이런 마음의 움직임을 표현했지요. 곧바로 실천에 옮기지 않으면 안 될 것 같은 강박 증세가 저를 사로잡았습니다. 이후 3년간 하느님께서 저를 가난한 사람들과 함께 살도록 부르셨다는 데 너무나 뚜렷한 확신을 갖고 있었습니다.

이 시기에 '예수마음기도 40일 영성수련' 피정을 하게 되었습니다. 40일 피정 거의 막바지에, 하루 빨리 가난한 이들에게 가야겠다는 확신이 아주 뚜렷하게 다가왔습니다. 젊은 처녀들이 검소한 옷을 입고 분주하게 가난한 지역에서 일하고 있는 환시도 보았습니다. 이때 제 마음에 들려오는 소리는 '이렇게 사는 것이 오늘날의 수도 생활이며, 저는 그곳의 원장'이라는 것이었습니다. 저는 더욱 조급해졌습니다. 빨리 결정을 내려 행동으로 옮겨야 할 것 같은 강한 부추김이 제 속에 있었습니다.

다음 날 저는 주일 미사에 참석하러 갔다가 첫 번째와 두 번째 독서, 그리고 복음 말씀과 신부님의 강론까지 제 2의 선택을 해야 한다는 것을 알고 깜짝 놀랐습니다. 저는 빨리 분명한 결정을 내려야만 한다는 강박 증세를 느꼈습니다. 그래서 책임자 수녀님께 가서 말씀을 드릴까, 강론해주신 신부님께 말씀을 드릴까 고민하다가 진행중인 40일 피정의 영적 지도자께 말씀을 드리게 되었습니다. 영적 지도자께서는 피정을 마친 후에 결정하도록 권하셨습니다. 마음이 급한 저는 이 영적 지도자의 권고를 받아들이고 싶지 않았지만, 피정 후에 결정하라고 하시니 기도부터 하려고 노력했습니다. 하지만 기도는 좀처럼 되지 않았습니다. 오히려 가난하게 살기 위해 앞으로 무엇을 어떻게 할 것인지 미래 계획을 세우기에 바빴습니다.

그렇게 기도를 못하고 마음의 동요에 흔들리고 있는데, 예전에 피정 때마다 읽었던 이냐시오 성인의 식별 방법이 떠올랐습니다. "선한 천사는 마치 스펀지에 물방울이 스며들듯이 달콤하고 가볍고 부드럽게 다가가며, 악한 영은 마치 돌 위에 물방울이 튀듯이 거칠고 요란하고 불안스럽게 다가간다."(로욜라의 성 이냐시오 영신수련 규칙 335 참조) 이 방법에 따라 식별해보니 제가 지금 겪고 있는 이 상태는 바로 악마가 유혹하고 있는 것이었습니다. 매우 요란하고 시끄럽게 다가와 지금 당장 결단을 내려야 한다며 기도를 방해하는 모습을 뚜렷하게 보게 된 것입니다.

이런 식별의 여정을 거치면서, 악마가 저를 하느님께 가지 못하게 막으려고 하느님을 위한다는 명분까지 내세우며 가난한 수도 생활을 하는 데 급급하도록 유혹했던 것임을 알게 되었습니다. 제가 왜 이렇게 유혹을 받았을까 영찰해보니, 가난한 수도 생활을 하려는 계획의 내면에는 권력을 쥐고 싶어 하는 본능적인 욕구가 자리해 있다는 것을 알 수 있었습니다. 악마는 저에게 하느님을 섬기지 말고 자신이 생각하는 보람된 일을 하며 원장이라는 지위를 가지라고 유혹했던 것입니다.

저는 그런 악마의 유혹에 속아 3년이나 시간을 낭비하고 거의 결단하기에 이르렀던 것입니다. 이로써 악마는 우리 안의 약점이나 결점을 타고 들어와 유혹하여 스스로를 섬기도록 한다는 것을 알게 되었습니다. 하느님을 섬기겠다고 수도 생활을 시작했는데, 저 스스로를 섬기도록 하는 악마의 유혹에 넘어가 결단을 내리려 했던 저를 보며 하느님께 마음 깊이 죄송한 마음이 들었습니다.

이 여정을 통해 악마는 시시때때로 사람들을 유혹해 스스로를 섬기게 한다는 사실을 뚜렷하게 알게 되었습니다. 그리고 기도를 깊이 하지 않으면 이런 악마의 유혹에 넘어가기 쉽다는 생각이 들었습니다. 또한 악마를 물리치려면 기도를 통해 하느님께서 주시는 영적 비추임을 받아야 한다는 것을 절실하게 느꼈습니다.

악령의 실체를 물리치는 체험

저는 '예수마음기도 40일 영성수련' 피정의 제 5여정에서 악마의 유혹에 대한 식별을 강하게 체험했습니다. 이 여정을 통해 저의 집안에 자리해오던 악마의 무리들을 보게 된 것입니다. 악마들은 저를 포함한 가족들을 유혹해 신앙심 깊은 어머니를 이유 없이 공격하게 만들었습니다. 도덕성이 좀 낮은 친척들은 악마에 이끌려 도박과 사기, 불신용 등의 악덕에 빠져 가정을 파탄으로 이끌기도 했습니다. 성격상 도덕적 타락에 빠지지는 않았지만, 저 역시 악마의 유혹에 흔들려 우울증에 빠지고 끝없는 자학을 하곤 했습니다. 이 악마들은 비합리적인 고집을 부리게 하고, 교묘한 유혹을 통해 악령에 의해 행동하는 것을 저 자신이 원해서 하는 것으로 착각하도록 만들었습니다. 영적으로 예민한 감수성을 타고나 이 같은 악마의 영향을 많이 받은 저는 친척들 사이에서 성질 나쁜 아이로 낙인 찍혀버렸습니다. 그래서 조부모와 집안 친척들에게 냉정한 무시와 체벌을 받으며 자랐습니다.

하지만 이 여정 안에서 악마의 무리를 보게 된 저는 악마들이 저에게 다가올 때 단호하게 '예수 그리스도의 이름으로 명하노니 물러가라'라는 기도를 바치기 시작했습니다. 그러자 악마들은 더 이상 맥을 못 추고 달아났습니다. 그러자 저의 우울증 증세가 곧 사라지는 것을 체험했습니다. 평소엔 저의 취향에 맞추어 아주 교묘하게 유혹해왔는데, 피정을 오자 그놈들도 급했는지 무차별적으로 엉뚱한 소리들을 해대어 악마들의 존재를 뚜렷이 감지할 수 있었습니다. 그놈들은 이 여정 안에서 계속 날 따라다니며, 나쁜 말들을 귀에 속삭이고 집에 가면 예전 상태로 돌아갈 거라며 불안하게 했습니다.

하지만 저는 이 불안감이 악마의 꼬임이라는 것을 알아차리고 이겨냈습니다. 이렇게 악마를 물리치고 나니 하느님을 섬기는 믿음 생활이 얼마나 중요한지 알게 되었습니다. 하느님께서 함께해주셔서 저의 마음은 평화로워졌습니다. 더 이상 저를 괴롭히는 악마가 접근하지 못하게 되었습니다. 마음의 자유로움을 얻고 악마들로부터 해방되었음을 느끼게 되었습니다. 이 뿐만 아니라 육적인 건강과 함께 영적인 여정을 갈 수 있다는 행복감을 맛보면서 하느님의 크신 사랑에 커다란 놀라움을 느꼈습니다.

제 6 여정에서는 하느님과 일치를 이루는 기도의 여정을 가게 된다. 온전히 하느님과의 일치를 체험한 사람은 마음이 평온해지고 하느님 앞에 겸손해지며 하느님을 경외하는 마음을 갖게 된다. 이 여정에서 제일 중요한 것은 하느님께 온전히 자신을 맡기고 끊임없이 기도하며 성령의 열매를 맺는 여정을 가는 것이다.

QR코드를 찍으면 제6여정 강의를 들으실 수 있어요.

제 6 여정

일치(현존)

∷ 함께 거니시는 하느님 ∷

수동적인 기도를 바치며
하느님의 현존을 체험하는 기도

하느님과의 일치기도는 우리의 언어로 표현하기 힘든 경지이다. 혹독한 악마의 유혹을 온전히 물리치고 나면 하느님의 엄청난 현존을 체험하게 된다. 하느님의 현존은 장엄하고 엄위하기에 그 앞에 숙연해질 수밖에 없다. 마음과 영혼이 맑고 깨끗하게 느껴지면서 동시에 무한정 이러한 상태에 머물고 싶어진다. 또한 하느님께 우리의 전 존재를 다 드리고 싶은 관대한 마음이 생긴다. 하느님께서 이 세상을 창조하셨을 때, 그리고 아담과 하와가 죄를 짓기 이전의 상태가 '이런 것일까!' 하며 감탄하게 된다.

마치 갓 태어난 아기처럼 마음이 깨끗해지고 순수해진다. 이렇게 하느님을 깊이 체험한 사람들은 성령께서 함께하시면서 매 순간을 그분의 현존에 머물게 된다. 또한 자연스레 자신만을 향하는 자기중심적인 마음에서 벗어나 오로지 하느님만을 사랑하고 하느님만을 섬기려는 마음이 자리한다.

믿음, 희망, 사랑의 덕을 지속적으로 실천하는 생활 속에 하느님만을 바라보고 하느님만을 경배하는 영적인 삶을 시작한다. 하느님께서 주시는 은총으로 고통과 시련, 아픔을 견디어내는 축복을 받는다.

일상생활 중에 매 순간 기도를 바치는 것은 쉽지 않다. 그러나 틈이 날 때마다 단순기도를 화살 기도처럼 바치면 된다. 그러다 보면 자연스레 마음이 하느님의 현존 안에 머물며 생활하게 된다. 그렇게 매 순간 현재를 살며 기도할 때 하느님과의 일치가 가능해진다.

그러나 진실한 예배자들이 영과 진리 안에서 아버지께 예배를 드릴 때가 온다. 지금이 바로 그때다. 사실 아버지께서는 이렇게 예배를 드리는 이들을 찾으신다. 하느님은 영이시다. 그러므로 그분께 예배를 드리는 이는 영과 진리 안에서 예배를 드려야 한다. (요한 4, 23-24)

하느님의 현존 안에 머물면서
자신을 바치는 기도

예수마음기도 40일 영성수련 피정을 통해서 하느님과 깊은 일치의 체험을 한 후에는 이러한 하느님의 현존 체험이 일상생활에도 이어진다. 또한 겸손하고 온유한 마음이 되어 모든 이를 대하는 태도에도 변화를 가져다준다. 하느님과 이웃에게 자신의 전부를 다 내어드리고 싶은 관대한 마음이 생긴다. 이는 자신의 과거의 기억들, 현재의 원의들, 미래의 지향들을 아낌없이 하느님께 온전히 다 내어드리고 온전히 하느님의 현존 안에 매 순간을 머물 때 주어지는 것이다.

매 순간 기도를 드리며 현재를 산다.

아침에 일어나면서부터 매 순간 하느님께 단순기도를 바친다. 일을 할 때는 현재 일하는 것에 머물고 일이 끝나면 곧바로 기도를 바친다. 즉 틈새 기도를 바치는 것이다. 이렇게 생활하게 되면 늘 하느님의 현존 안에 머물게 된다. 상황에 따라 이러한 기도의 상태에서 벗어났을 경우 잠시 조용하게 머물면서 마음을 헤아리는 기도를 바친 후 다시 하느님의 현존 안에 머무는 기도를 바친다.

끊임없이 기도하십시오. 모든 일에 감사하십시오. 이것이 그리스도 예수님 안에서 살아가는 여러분에게 바라시는 하느님의 뜻입니다.(1테살 5, 17-18)

오직 하느님만으로 만족한다.

하느님과 일치하는 기도 생활이 너무나 감미롭기 때문에 아무도 자신의 존재를 알아주지 않아도 만족스럽다. 자신의 필요나 의견을 내세우지 않고 다른 사람의 선익을 위해서 자신을 희생할 수 있게 된다. 틈이 날 때마다 조용하게 마음을 가다듬고 주님의 현존 안에 머무는 시간을 바랄 뿐이다. 내면에서 하느님과 일치하는 기도 생활에 만족하기에 이웃사람들에게 자신을 드러내 보이려고 하지 않는다.

> 여러분은 믿음을 통하여 은총으로 구원을 받았습니다. 이는 여러분에게서 나온 것이 아니라 하느님의 선물입니다.
>
> (에페 2, 8)

사람들의 인정이나 칭찬에 연연해 하지 않는다.

타인의 칭찬이나 찬사에 마음이 이끌리지 않는다. 성령께서는 우리 안에서 어떻게 살아가야 하는지를 우리 안에서 아주 부드럽게 이끌어주시므로 이 세상이 주는 그 어떠한 위로와 보상에는 관심이 없어진다. 우리가 받은 모든 달란트나 능력, 지혜 등은 하느님께서 주신 것이기에 하느님께서 거두어가시면 우리는 아무것도 할 수 없는 존재들로 하느님 앞에 겸손해질 수밖에 없다. 매일 매 순간 꾸준히 기도를 바쳐나

갈 때 하느님께서는 우리의 마음을 당신의 겸손한 마음으로 바꾸어주신다.

너희 가운데 누가 밭을 갈거나 양을 치는 종이 있으면, 들에서 돌아오는 그 종에게 '어서 와 식탁에 앉아라.' 하겠느냐? 오히려 '내가 먹을 것을 준비하여라. 그리고 내가 먹고 마시는 동안 허리에 띠를 매고 시중을 들어라. 그런 다음에 먹고 마셔라.' 하지 않겠느냐? 종이 분부를 받은 대로 하였다고 해서 주인이 그에게 고마워하겠느냐? 이와 같이 너희도 분부를 받은 대로 다 하고 나서, '저희는 쓸모없는 종입니다. 해야 할 일을 하였을 뿐입니다.' 하고 말하여라.

(루카 17, 7-10)

| 내적 침묵의 생활을 하게 된다. |

매 순간 하느님의 현존 안에 머물게 되면 인간관계에서 말수가 줄어든다. 그리고 세상적인 이해관계에 얽매이지 않게 된다. 그렇다고 주어진 일에 관한 말을 하지 않는 것이 아니

라 필요 이상의 이야기들을 하지 않는 것이다. 자연스럽게 다른 이들의 이야기는 귀 기울여 들으면서도 자신의 이야기를 화제의 중심에 올려놓지 않게 된다. 또한 우리가 내적 침묵 생활을 할 때 노력해야 하는 것은 TV나 인터넷 등의 매체를 삼가고 이 세상적인 것에서도 관심을 내려놓아야 한다. 시간이 날 때마다 하느님과 함께 머무는 영적인 삶을 계속 살아갈 때에 하느님께서 주시는 내적인 평화를 누리게 된다.

육의 관심사는 죽음이고 성령의 관심사는 생명과 평화입니다.(로마 8, 6)

| 다른 사람들에게 자신의 필요를 요구하지 않게 된다. |

피정을 마치고 나면 자연스럽게 자신의 필요를 타인에게 요구하지 않게 된다. 자신을 위한 작은 필요까지도 스스로 실천하는 생활이 된다. 영적 생활을 하면서 하느님 한 분으로 만족하기 때문에 우리 이웃에게 잘 대해주려는 마음이 생기며, 그들 안에서 하느님의 모습을 보는 생활이 이루어진다.

그리스도께서 우리를 사랑하시고 또 우리를 위하여 당신 자신을 하느님께 바치는 향기로운 예물과 제물로 내놓으신 것처럼, 여러분도 사랑 안에서 살아가십시오.(에페 5, 2)

| 드러나지 않게 사랑을 실천한다. |

일상에서 자선을 베풀 때도 드러나지 않게 하고 칭찬이나 보상을 바라지 않는다. 본당 단체에 속한 일을 할 때에도 궂은일을 스스로 찾아서 기쁘게 헌신한다. 하느님 또는 다른 사람이 알아주기 때문에 하는 것이 아닌, 단순히 하느님께서 주신 사랑을 실천하는 삶이 되는 것이다.

네가 자선을 베풀 때에는 오른손이 하는 일을 왼손이 모르게 하여라. 그렇게 하여 네 자선을 숨겨두어라. 그러면 숨은 일도 보시는 네 아버지께서 너에게 갚아주실 것이다.

(마태 6, 3-4)

| 마음이 온유하고 겸손해진다. |

하느님의 현존 안에 깊이 머무는 기도 생활을 할 때 일상 안에서 일어나는 여러 가지 감정과 태도에 변화를 가져오게 된다. 즉 복수하려는 마음이 들었다가도 그 마음이 오래 지속되지 않고 용서하는 마음으로 변화된 것을 발견한다. 예수님께서 말씀해주신 것처럼 마음이 온유해지고 겸손해지면서 복수심이 사라지는 것을 체험하게 된다.

고생하며 무거운 짐을 진 너희는 모두 나에게 오너라. 내가 너희에게 안식을 주겠다. 나는 마음이 온유하고 겸손하니 내 멍에를 메고 나에게 배워라. 그러면 너희가 안식을 얻을 것이다. 정녕 내 멍에는 편하고 내 짐은 가볍다.

(마태 11, 28-30)

| 차별하지 않는 마음이 된다. |

이 세상 모든 것은 다 하느님께서 창조하신 것이고 특별히 인간은 하느님께서 당신의 숨을 불어넣어 주신 귀한 자녀들이기에 이들 안에서 하느님의 현존을 느끼게 된다. 따라서 누구도 차별하여 대하지 않게 된다. 부유하든 가난하든 높은 지위에 있든 그렇지 않든 가리지 않고 모든 이를 정성을 다해 대하는 마음이 생긴다.

나는 이제 참으로 깨달았습니다. 하느님께서는 사람을 차별하지 않으시고, 어떤 민족에서건 당신을 경외하며 의로운 일을 하는 사람은 다 받아주십니다. (사도 10, 34-35)

●

일상에서 하느님의 현존을
체험하는 기도

●

주님, 제 마음은 오만하지 않고 제 눈은 높지 않습니다. 저
는 거창한 것을 따라나서지도 주제넘게 놀라운 것을 찾아
나서지도 않습니다. 오히려 저는 제 영혼을 가다듬고 가라
앉혔습니다. 어미 품에 안긴 젖 뗀 아기 같습니다. 저에게
제 영혼은 젖 뗀 아기 같습니다.(시편 131. 1-2)

이 말씀을 통해 영적인 세계에 대해 아무것도 모르던 우리
가 영적인 어린아이로 새롭게 태어났다는 것을 알게 된다.

어린아이들이 성장하려면 부모의 보살핌이 반드시 필요하다. 마찬가지로 우리도 하느님의 보살핌 안에 머물러야 하고, 그러기 위해 노력해야 한다. 그러기에 매 순간 우리의 마음이 하느님께로 향하도록 기도를 드려야 한다. 하느님과 일치의 기도를 이루는 삶 안에서는 이기적인 모습들이 아픔으로 다가오고, 그로 인해 마음의 평온이 깨어지는 것을 체험하게 된다. 이럴 때에는 다시 하느님의 사랑 안에 머무는 기도를 충실히 바쳐야 이기적으로 행동하려는 유혹을 물리칠 수 있다. 그러므로 어린아이가 부모에게 전적으로 의탁하는 것처럼, 하느님을 신뢰하며 자신을 맡겨서 하느님께서 우리를 보살필 수 있도록 끊임없이 기도해야 한다.

사람을 올바로 사랑할 줄도 모르고 고집과 독선으로 살아온 우리에게 하느님께서 조건 없이 찾아와주실 때, 우리는 '하느님께서 참으로 큰 자비를 베푸시는구나!' 하며 감탄하게 된다. 그런데 더욱 놀라운 사실은 그토록 찾아 헤매며 만나고 싶어 했던 하느님이 이미 자신의 마음 안에 현존하고 계시다는 것이다. 하느님과의 이런 깊은 만남을 체험하게 되면 세속적인 삶에서 영적인 삶으로, 나 중심의 삶에서 하느님 중심의 삶으로 바뀌는 은총을 받게 된다.

또한 하느님의 현존 안에서 살아가게 되면 세상과 사물을 대하는 마음의 태도도 바뀐다. 삶의 우선순위가 달라지고 세상적인 것에 거리를 둘 줄 알게 되며 이기적으로 자신의 것만 찾지 않게 된다. 만물이 다 하느님의 현존으로 느껴지기에 다른 사람에 대한 마음의 태도가 섬기는 자세로 변하여 겸손과 친절로 대하게 된다. 어떤 불이익을 당하더라도 법적으로 해결해서 상대방이 벌을 받도록 하지 않고 용서하는 마음으로 살게 된다.

깨어서 끊임없이
기도하는 생활

나는 참 포도나무요, 나의 아버지는 농부이시다. 나에게 붙어 있으면서 열매를 맺지 않는 가지는 아버지께서 다 쳐내시고, 열매를 맺는 가지는 모두 깨끗이 손질하시어 더 많은 열매를 맺게 하신다. 너희는 내가 너희에게 한 말로 이미 깨끗하게 되었다. 내 안에 머물러라. 나도 너희 안에 머무르겠다. 가지가 포도나무에 붙어 있지 않으면 스스로 열매를 맺을 수 없는 것처럼, 너희도 내 안에 머무르지 않으면 열매를 맺지 못한다.(요한 15, 1-4)

이 여정에 이르면 '저의 주님, 저의 하느님!', 혹은 '예수님, 사랑합니다!' 하는 단순기도를 한 마디만 해도 하느님의 현존으로 가득 채워져서 1시간의 기도 시간이 채 5분도 안 되는 것처럼 느껴진다. 이 여정에서 바치는 기도는 수동적인 기도이다. 이러한 마음 상태로 일상생활이 이어지면 일상 안에서 늘 하느님과 함께하는 기도가 저절로 이루어진다. 그러나 세상일에 마음을 빼앗기면 이런 기도를 드릴 수 없게 된다. 이런 마음 상태가 되었을 때는 깨어서 끊임없이 예수마음기도를 바치도록 한다. 그러나 기도 가운데 체험했던 위안만을 다시 맛보려 하는 시도는 하지 말아야 한다.

예수님께서는 당신이 포도나무이며 우리는 가지라고 하셨다. 가지인 우리가 포도나무인 예수님께 붙어 있지 않으면 열매를 맺지 못한다고 하셨다. 마치 가지가 나무뿌리에서 수액을 빨아올려 열매를 맺듯 우리도 지속적인 기도를 통해 예수님과 연결되어 있을 때 성령의 열매를 맺을 수 있다.

때로는 기도 중에 황홀하고 큰 위안을 받기도 한다. 하지만 이런 체험은 하느님이 주시는 선물이지, 하느님 자체는 아니다. 그러므로 이런 위안의 체험에 계속 머물고 싶다는 유혹을 물리치고 순수하게 하느님만을 섬기고자 하는 마음이 되도록 노력해야 한다. 이런 위안의 상태는 마치 포도나무가 열매를 맺기 전에 꽃이 활짝 핀 상태라고 할 수 있다. 하지만 꽃은 져야 열매를 맺을 수 있다. 꽃이 지고 난 후 오게 되는 메마르고 외롭고 쓸쓸한 느낌까지도 다 하느님께 바치면서 끊임없이 기도 안에 머물러야 한다. 그 모든 것을 송두리째 바치는 여정을 가야 하느님의 모습으로 변화할 수 있다. 하느님과 일치의 경지에 이르면 성령께서 우리와 함께 하시면서 당신 일을 우리 안에서 이루시기 시작한다. 성령의 열매는 곧 남에게 복을 빌어주는 삶으로 우리를 인도하실 것이다.

놀라우신 하느님

저는 심한 청각 장애를 가지고 있습니다. 오른쪽 귀로는 거의 듣지 못하고, 왼쪽 귀로도 50% 정도밖에 듣지 못해 늘 어려움을 겪고 있습니다. 그런데 미사 때에 제 오른쪽 귀를 통해 독서와 화답송이 맑고 투명하게 들려왔습니다. 마치 닫혀 있던 제 영혼의 문이 활짝 열리면서 모든 말씀들이 맑고 투명하고 생생하게 살아서 물밀듯이 들어오는 것 같았습니다.

미사 내내 그 맑고 투명함을 느끼면서 미사 전례에 깊이 몰두할 수 있었습니다. '아! 미사가 이렇게 감미로운 것이었구나!'라는 탄성이 저절로 나왔고 미사 전례 안에 현존하시는 예수님을 체험했습니다. 이전까지 미사 전례에서는 그저 참관자에 불과했던 저에게 이런 은총이 주어지니 너무나도 감사했습니다. 머리로만 알고 있던 미사의 의미를 영적으로 체험할 수 있었습니다.

또한 기도 시간에는 성체 안에 현존하시는 하느님을 보게 되었습니다. 그 순간 제 마음은 하느님에 대한 깊은 경외심으로 가득 찼고 이 깊은 경외심은 곧 두려움으로 바뀌었습니다. 이 두려움은 무서움이나 공포와 달리, 성체 안에 현존하시는 하느님을 뵙고 느끼게 된 깊은 경외심에서 오는 것이었습니다. 즉 하느님의 엄위하심을 깊이 깨닫고 감히 하느님을 볼 수 있게 되었다는 데 두려움을 느끼게 된 것이었습니다.

그 두려움 속에서 이사야서의 말씀을 떠올렸습니다. 큰일 났구나. 나는 이제 망했다. 나는 입술이 더러운 사람이다. 입술이 더러운 백성 가운데 살면서 임금이신 만군의 주님을 내 눈으로 뵙다니!(이사 6,5) 그 말씀이 그대로 느껴졌습니다. 막상 제가 이런 은총을 체험하게 되자 하느님을 본 사람은 두려울 수밖에 없었으리라는 것을 깨달았습니다.

성체 안에 현존하시는 하느님의 그 엄청난 엄위하심이란! 정말 인간의 언어로는 도저히 표현할 수 없는 것이었습니다. 이 은총을 제 마음 깊숙이 간직하고 다시 기도에 몰두했습니다. 그날 저녁 기도 중에 영혼이 투명해지는 것을 느꼈습니다. '어둠'이라고 해야 할지 잘 모르겠지만, 어쨌든 제 영혼을 둘러싸고 있던 막 같은 것이 벗겨지는 느낌이 들면서 마치 영혼과 마음이 깊이 통합되는 것같이 여겨졌고 온 몸과 마음이 솜털같이 가벼워지는 것을 느꼈습니다. 저의 존재가 온통 하느님께로 들어 올려지는 것 같았습니다. 하느님과의 일치감을 느끼면서 맑고 투명하게 되는 체험! 이를 통해 모든 것이 새롭게 다가오는 것을 느꼈습니다. 무엇보다도 하느님께서는 제 마음을 참으로 겸허하게 해주셨고, 하느님의 넘치는 사랑을 깊이 느끼게 해주셨습니다.

하느님의 현존 체험

....

나 무엇으로 주님께 갚으리오? 내게 베푸신 그 모든 은혜를.
구원의 잔을 들고서 주님의 이름을 받들어 부르네.

(시편 116, 12-13)

처음 '예수마음기도 40일 영성수련' 피정에 임할 때는 불
안한 마음도 없지 않았습니다. 하지만 무언가 알아내고 파
헤치려 하지 않아도 되고, 끊임없이 머리를 돌리며 생각하
지 않아도 되는, 그저 그분의 이름을 단순하게 부르기만 하
면 되는 편안한 시간들이었기에 40일 여정을 가는 동안 하
느님의 손길을 더욱 쉽게 느낄 수 있었습니다.

그 단순함 속에서 하느님은 저를 제 안의 심연까지 이끌고
가셨고 내면의 소리를 듣게 하셨습니다. 마치 바닷속 깊이

잠겨 있던 거대한 빙산을 끌어올려 그 실체를 보게 하시는 듯했습니다. 그러한 하느님과의 깊은 만남을 통해 저는 해방의 기쁨과 자유로움을 얻었고 잃어버린 자존감을 되찾았습니다. 그리하여 그 무엇에도 흔들리지 않을 깊은 확신과 신념이 내면에 자리하게 되는 인생의 전환점을 맞이하게 되었습니다.

40일 피정 막바지 어느날 미사 때 태양만큼 크다고 느껴지는 성체가 제 가슴에 다가와 마음을 꽉 채웠습니다. 그 순간 마음의 느낌은 맑고, 고요하고, 부드럽고, 신비스럽고, 경이롭고, 경건한, 그리고 평화롭고, 평온한 것이었습니다. 저를 만드실 때 제 안에 주신 당신의 모습, 즉 저의 본래 모습이 떠오르면서 저는 그분의 사랑과 기쁨 속으로 젖어들었습니다. 이러한 하느님의 현존 체험은 늘 그분 안에 머물고 싶은 마음으로 이어졌고 언제 어디서 무엇을 하든 그분과 함께 거니는 영적인 생활이 시작되었습니다.

예수마음기도 영성수련을 마치며

'예수마음기도 40일 영성수련'의 여정을 마치며 하느님으로부터 받는 가장 큰 은총은 마음이 평온해지면서 겸손하고 온유하게 변하는 것이다. 사랑과 기쁨이 함께하면서 세상의 모든 것으로부터 자유로워지고 이 세상의 삶에 대한 태도도 변한다. 큰 병에 걸려도 질병 자체를 하느님처럼 여기며 노심초사하지 않게 되고, 좋으신 하느님께 조용히 기도드리면서 하느님의 뜻이면 기꺼이 받아들이겠다는 마음이 된다. 또한 세상의 재물보다는 예수님께서 말씀하신 하느님 나라의 행복을 더 추구하게 되고, 사랑을 나누고 실천하려고 마

음 쓰게 되며, 이웃에게 물질적인 나눔도 한다. 죽는다는 것
에 연연하지 않게 되어 하느님이 언제 데려가시든 상관없다
는 아주 편안한 마음으로 변한다. 이렇게 마음이 이 세상의
그 어느 것에도 치우치지 않는 마음이 되면서 늘 하느님 안
에 머무는 영적인 평화로운 삶이 지속된다.

 '예수마음기도 40일 영성수련' 여정의 은총 안에서, 예수님
께서 세상을 떠나실 때 왜 제자들에게 집 한 채도 마련해주
지 않고 떠나셨는지 이해하게 된다. 예수님의 가르침대로 기
도하며 하느님을 만나게 되면 이 세상에서도 영원한 생명의
삶을 살 수 있다. 즉 성령의 열매인 사랑, 기쁨, 평화, 인내,
호의, 친절, 성실, 온유, 절제(갈라 5, 22-23)의 마음으로 변하
여 이 지상에서도 하느님 나라를 살아가게 된다. 또한 하느
님의 안목으로 세상을 살며 우선순위를 하느님께 두게 되기
때문에 절제할 줄 알게 되고 인내와 사랑의 마음으로 하느님
나라를 전하는 사람이 된다. 더불어 누구와도 원수를 맺지
않는 마음을 갖게 되고, 하느님께서 당신의 사랑으로 우리를
채워 주시기에 세상 것에 대한 애착을 내려놓게 된다.

아버지께서 나를 사랑하신 것처럼

나도 너희를 사랑하였다.

너희는 내 사랑 안에 머물러라 (요한 15, 9)

✣ 예수마음기도 영성수련 피정 안내 ✣

(자세한 일정은 홈페이지 참조)

1박 2일	매월 1회	강의(2회), 면담, 고해성사, 예수마음기도
3박 4일	매월 1회	강의(4회), 면담, 고해성사, 예수마음기도
8박 9일	매월 1회	강의(7회), 매일 면담, 고해성사, 예수마음기도
40일	매년 4회	여정별 강의, 매일 면담, 고해성사, 영적 식별, 예수마음기도
단체 위탁 피정	날짜와 시간은 협의	30명
1일 무료 피정	사순 시기, 대림 시기 장소: 명동 가톨릭 회관	3주 연속 10:00 ~ 14:30(미사 있음)

- 장소 : 문산 예수마음피정의 집
- 주소 : 경기도 파주시 파주읍 바리골길 260-129 (향양리 57번지)
  (우) 10833
- 전화 : 031-953-6932 ・ 핸드폰 : 010-4906-5722
- 이메일 : Hyang5722@naver.com
- 홈페이지 : **문산 예수마음피정의 집** http://www.jesus-prayer.or.kr

"예수께서는 한적한 곳으로 물러가셔서
기도를 드리셨다." (루카5, 6)

예수마음선교수녀회는

예수마음기도를 통하여 하느님과
깊은 일치의 삶을 이루며
하느님을 만나고자 갈망하는 분들을
영적으로 안내하고 있습니다.

이러한 부르심의 삶에
초대합니다.

"너희는 온세상을 두루다니며
모든 사람에게 이 복음을 선포하여라." (마르16, 15)

필리핀 St Paul Major Seminary
신학생 피정지도

문산 예수마음피정의 집 경당에서
예수마음기도 중인 피정자

예수마음선교수녀회 성소문의 010-8507-5378

031-885-5015